C'EST QUI LE PATRON ?!

Une histoire qui pourrait révolutionner notre façon de consommer

C'EST QUI LE PATRON ?!

Raconté par ceux qui l'ont fait

Une histoire qui pourrait révolutionner notre façon de consommer

Avec la collaboration de Françoise-Marie Santucci

MARABOUT

Mieux vaut prendre le changement par la main
avant qu'il ne nous prenne par la gorge.

Winston Churchill

Ne doutez jamais qu'un petit groupe de citoyens,
engagés et réfléchis, puisse changer le monde.
En réalité, c'est toujours ainsi
que les choses se sont passées.

Margaret Mead

Prologue

Le soleil brille ce matin du 6 septembre 2016 à Pont-de-Vaux, une petite ville de moins de trois mille habitants, située au nord de Mâcon, dans l'Ain. Aux alentours, les paysages sont tellement beaux, parsemés de vignes, de vaches et de clochers, qu'on se croirait dans la carte postale idéale de la France agricole, cette campagne que la France urbaine, soit huit habitants de ce pays sur dix, aime à la folie sans vraiment la connaître.

À Pont-de-Vaux, nous sommes en plein cœur d'une des campagnes les plus gâtées de l'Hexagone. L'AOC des volailles de Bresse, ainsi que les appellations viticoles de Saint-Véran ou de Pouilly-Fuissé, de l'autre côté de la Saône et de l'autoroute A6, font la fortune et la renommée de ces terres. Non loin de là, la fameuse roche de Solutré et son à-pic calcaire a longtemps accueilli les pèlerinages de François Mitterrand. Mais si la région est riche, certains de ses paysans ne le sont pas. Notamment une cinquantaine d'entre eux, des producteurs de lait établis à l'est de la Saône, entre Pont-de-Vaux, Mâcon et Bourg-en-Bresse. Ils tirent la langue depuis des mois, et leur situation ne va pas en s'arrangeant. La crise du lait est passée par là, qui a mis à mal nombre d'exploitations en France. La plupart des agriculteurs gagne à peine le Smic, et un tiers d'entre eux, selon la Mutualité sociale agricole, touche même moins de 350 euros par mois. À cette époque, le désespoir est tel qu'on enregistre un suicide tous les deux jours. La raison ? La fin des quotas laitiers, en 2015. S'ils empêchaient de produire plus que nécessaire et sanctionnaient ceux qui le faisaient, ils garantissaient également un prix minimum : en somme, en bons Français, les agriculteurs râlaient car ils ne pouvaient pas faire ce qu'ils voulaient, mais ils gagnaient encore leur vie.

Sauf que, dès la fin de la régulation, c'est la jungle ! L'ouverture des immenses marchés russe et chinois, notamment, ne se passe pas comme prévu. Les exportations stagnent, la production augmente… et patatras, les prix payés aux producteurs de lait chutent !

C'est dans ce contexte que, ce fameux 6 septembre 2016 au ciel si clair, Martial Darbon, le président de la coopérative Bresse-Val-de-Saône, qui regroupe 51 exploitations laitières de la région, s'assied à la table de la mairie de Pont-de-Vaux, dans la « salle bleue », pour un baroud d'honneur. Une dernière chance. Si cette réunion ne mène à rien, c'est la fin pour lui et ses 51 adhérents, pour leurs familles mais aussi pour leurs troupeaux, dont ils devront se séparer. Quelques semaines auparavant, leur banquier ne leur a-t-il pas dit : « Si vous ne trouvez pas de solution, il faudra mettre la clé sous la porte en fin d'année. »

Mais, à l'image d'Astérix et de sa bande de Gaulois fiers et combattifs, Martial et ses amis résistent. Malgré le « tic-tac » des jours qui passent dans l'angoisse, la cause désespérée n'effraie pas Martial, ni son épouse Martine, ni ses collègues agriculteurs Wilfried Paccaud ou Aurélie Payet-Maugeron, ni d'autres encore. Ils ont imprimé un tract au début de l'été, un tract tout simple, pas très attrayant, qui résume leur situation. Avec ça, ils ont fait le tour des supermarchés et des supérettes de leur région, distribuant leur petite feuille à qui veut bien, clients, chefs de rayons, caissières... La probabilité de retourner la situation, de trouver une solution ? Proche de zéro ! Mais cette stratégie de « la bouteille à la mer », c'est tout ce qui leur reste. En cette fin d'été 2016, la crise du lait est telle, qu'ils gagnent à peine 20 centimes par litre vendu à une coopérative italienne, quand quelques mois plus tôt, le litre se négociait autour des 30 centimes.

Et 20 centimes par litre, ça ne vous fait pas vivre. Vingt centimes par litre, ça vous fait perdre 120 euros par jour. Chaque matin, vous savez que vous allez perdre 120 euros à la fin d'une journée difficile, en travaillant pourtant sept jours sur sept, douze heures par jour, tous les jours de l'année. Bien sûr, 20 centimes par litre, cela ne permet pas non plus de changer le matériel défectueux. Ni de se convertir au bio. Ni d'améliorer son exploitation. Quant à partir deux ou trois jours par an en vacances… Jamais, c'est impossible ! Vingt centimes par litre, ça vous fait mourir à petit feu.

Les hommes et les femmes qui travaillent dur dans les 51 exploitations de la coopérative de l'Ain sont à bout de forces. Et si, en ce 6 septembre, le mauvais sort pouvait enfin s'éloigner ? Il y a de grosses huiles dans la salle bleue de la mairie. À croire que plusieurs Pères Noël se sont réunis là ! Autour de la table, ont pris place le responsable des achats Lait de Carrefour pour toute la France, et le grand patron de la Laiterie Saint-Denis-de-l'Hôtel (LSDH), la troisième de l'Hexagone, ainsi que son adjoint. On n'attend plus que les initiateurs de ce nouveau projet qui les réunit tous. Une heure après le début de la réunion, deux hurluberlus à l'énergie volcanique poussent la porte. Le premier, Nicolas Chabanne, s'exprime avec l'accent chantant de son Midi tout proche. La quarantaine bien entamée, une sorte d'uniforme décontracté (chemise-veste-jeans-baskets) en toutes circonstances, Chabanne est un homme aussi visionnaire qu'enthousiaste, aussi bouillonnant (et parfois brouillon) que capable de convaincre la terre entière. Il a déjà fait ses preuves dans le domaine de l'agroalimentaire avec quelques idées lumineuses et décalées. Son « binôme » Laurent Pasquier est plus réservé, mais pas moins important dans l'affaire sur laquelle ils travaillent depuis des mois. Leur conviction est simple : si chaque consommateur accepte de payer quelques centimes de plus la brique de lait, les familles de l'Ain pourront être sauvées. Toutes.

Mais pour cela, il faut impliquer le consommateur en lui permettant de « fabriquer » son lait idéal grâce à un questionnaire sur Internet. L'idée ? Lui donner le choix de mieux rétribuer le producteur, d'opter pour un lait de meilleure qualité. Pour que cette fable, ce mirage, ce rêve devienne réalité, il faut également l'engagement d'un fabricant : ce sera la laiterie LSDH, qui va collecter le lait et le mettre en cartons. Et il faut enfin un distributeur, en l'occurrence Carrefour et ses 5 500 magasins en France, qui accepte de se lancer dans l'aventure.

Au début de la discussion, le président de la coopérative et les autres agriculteurs présents y croient sans y croire. Croit-on au Père Noël quand on est grand ? Ils se disent : « Comment ces gugusses pourraient nous aider, là où les experts du ministère, les ingénieurs de l'Inra, les politiques du Conseil régional, les types de l'Union européenne et tout le tintouin n'ont pas réussi ? » Sauf que le type venu de Paris avec son accent chantant, ce Nicolas, il est incroyable. Il emporte tout avec lui. Il parvient à vaincre les résistances des industriels et les convaincre d'acheter non pas 7 millions de litres de lait mais 26, soit toute la production de la coopérative Bresse-Val-de-Saône.

Voilà comment, en quelques heures, sans business plan, sans stratégie marketing, sans contrat de cent pages relu par plusieurs avocats, mais avec énormément de conviction, de passion et de culot, C'est Qui Le Patron ?! a changé la donne.

Quand tout le monde sort de la mairie, il fait toujours aussi beau. On va casser la croûte sous les platanes. Martial, Martine et les autres sont émerveillés. Ainsi, les belles histoires, ça existe ?

Au moment de se séparer, les producteurs de lait voient Nicolas et Laurent se diriger vers leur voiture pour regagner Mâcon. Est-ce vraiment possible ? Ces deux types qui roulent dans une vieille Twingo grise, envahie de toiles d'araignée et de feuilles d'arbres qui pourrissent à l'intérieur, auraient entrepris de les sauver ? Soit ce sont des hurluberlus, soit ce sont des génies !

Quelques semaines plus tard, l'aventure C'est Qui Le Patron ?! fait l'effet d'une tornade dans l'univers très codé et ultraverrouillé de l'agroalimentaire et de la grande distribution.

Et ce n'est qu'un début. Le début d'une nouvelle façon de voir le monde pour les consommateurs, et au-delà, pour les citoyens ? Pourquoi pas !

Voici leur histoire… L'histoire de Nicolas, de Laurent P, de Laurent C, de Nathalie, d'Elsa et des autres, les huit mille sociétaires de C'est Qui Le Patron ?! et leur envie à tous, à eux, à nous, de changer les choses !

INTRODUCTION

Bienvenue chez vous ! C'est Qui Le Patron ?!, c'est un peu comme à la maison

Dans un monde de plus en plus libéral, l'aventure collective lancée depuis novembre 2016 par C'est Qui Le Patron ?! est sans doute « l'une des plus incroyables de ces dernières années » raconte son initiateur, Nicolas Chabanne : « Elle représente une lueur d'espoir, de celles qui prouvent qu'il est possible d'agir autrement, et qui font espérer que cette action se propage à la plus grande échelle possible. » À l'échelle de la France, avec des citoyens solidaires, et non plus solitaires dans des luttes parfois concurrentes...

Utopie ? Peut-être. Mais l'histoire de cette petite brique de lait, bleue aux grands yeux ronds, n'est pas qu'économique, agricole, ou politique. C'est aussi une aventure humaine et citoyenne, conduite par de simples consommateurs qui ont décidé de changer les choses. « Ce qui est fou, dit Nicolas Chabanne, c'est qu'ils l'ont fait avec *rien*, ou rien d'autre que du bon sens collectif. Et personne ne pensait une seule seconde que ce soit possible : ni les distributeurs, ni les partenaires, ni le monde politique. Seulement *vous*, et *nous*. »

Deux ans et demi après le lancement de la brique bleue, ce ne sont pas 5 ou 10 millions de litres de lait qui ont été vendus, mais plus de 100 millions. Et en ce mois de mai 2019, dix-neuf produits sont commercialisés par C'est Qui Le Patron ?!, dont le beurre, les œufs, la salade ou le chocolat. Le succès dépasse tout ce qu'il était possible d'imaginer. Et, il faut le signaler tant c'est rare, voire impossible à notre époque saturée de publicités et de marketing, l'aventure de C'est Qui Le Patron ?! n'a pas bénéficié d'une seule campagne publicitaire à la télévision, ni dans les journaux ; pas de force de vente non plus, pas un seul VRP parcourant les supermarchés de France... Il n'a fallu qu'une chose : le bon sens des consommateurs – *vous, moi, nous.*

Utopie, disait-on ?

C'est vrai que les créateurs de C'est Qui Le Patron ?!, c'est-à-dire, outre Nicolas Chabanne, son complice Laurent Pasquier et son grand frère Laurent Chabanne, – surnommés « les deux Laurent » au sein du collectif –, ont un côté rêveur, bienveillant et résolument optimiste qui peut faire ricaner bien des cyniques. Tant pis pour eux ! « Car l'immense majorité des Français n'est pas cynique, affirme Nicolas Chabanne. L'immense majorité des Français ne veut qu'une chose : vivre dignement. Cela devient bien difficile à notre époque, le mouvement des Gilets jaunes l'a montré. On a le sentiment que plusieurs France s'affrontent. »

Les initiateurs de C'est Qui Le Patron ?! n'ont pas de solution miracle. Mais ceux qui partagent leurs idéaux et leur vision des choses savent qu'il est temps de faire autrement. « Il faut apporter plus de considération à ceux qui nous nourrissent, les agriculteurs, et faire attention à ce que nous mangeons : nos corps ne sont pas des poubelles, et au fond, nous aspirons tellement à autre chose ! », lance Chabanne.

Ce qu'ils proposent avec C'est Qui Le Patron ?! n'est pas sorcier. Au contraire. Ça coule tellement de source qu'on demande souvent à Nicolas Chabanne pourquoi personne n'y a pensé avant. Lui, ça le fait rire. Aucun économiste ? Aucun prix Nobel ? Aucun politique ? Aucun syndicaliste ? « Ne cherchez pas, répond-il : Personne ! Peut-être parce que c'était l'idée la plus simple qui soit ; et parce qu'une bonne idée paraît évidente une fois qu'on l'a trouvée, non ? »

Mais quelle est cette idée pleine de bon sens que personne n'avait eue ? Il s'agit de demander aux consommateurs de créer les produits qu'ils ont envie de consommer, via un questionnaire sur Internet. Ils peuvent notamment se prononcer sur deux critères majeurs, jusqu'alors négligés, ou sous-valorisés par la plupart des grandes marques de l'agroalimentaire. Ces deux critères sont : une vie décente pour le monde paysan, et des produits sains.

Beau programme, évidemment. Qui refuserait d'y souscrire ? Mais attention, faire ces choix-là, ça se paye.

Dans le questionnaire publié sur Internet par C'est Qui Le Patron ?! avant le lancement de chaque produit (un QCM – questionnaire à choix multiples – pas si banal que ça, nous y reviendrons), chacun des critères a un prix, qui varie de 1 à 9 centimes. Et ce qui est incroyable, c'est qu'à chaque fois, les consommateurs n'ont pas choisi *le moins cher*, ils ont choisi *le plus juste*.

Ce cahier des charges, utilisé pour la vingtaine de produits déjà lancés par C'est Qui Le Patron ?!, a une immense vertu, selon Nicolas Chabanne : « Il renverse la donne, la verticalité qui prévalait jusqu'alors. Il rompt avec le fonctionnement habituel des marques qui créent et vendent à grand renfort de marketing et de publicité, avec une vision du consommateur qui doit, eh bien, se contenter de pousser son Caddie et d'acheter ! »

Bien sûr, au fil des années, les marques ont financé des études de consommateurs, des sondages par téléphone, par Internet, sans même parler des théories sur la fameuse *ménagère de moins de 50 ans,* et autres *profilages* effectués par le monde du marketing. Néanmoins, malgré toutes ces données et ces enquêtes, qui s'est soucié du consommateur ? Et qui s'est inquiété du grand oublié de ces dernières décennies, celui qui produit nos matières premières : l'agriculteur ? Personne ! « Et voilà comment nous arrivons, en 2019, à un stade où, dit Chabanne, le consommateur a autant confiance dans les marques que les citoyens en la politique ». Autant dire… Pas beaucoup !

Puisque la défiance s'est installée à l'encontre des « grands », les « petits » ont décidé de reprendre le pouvoir sur leurs vies. « Et s'ils peuvent le faire *maintenant*, raconte Nicolas Chabanne, c'est aussi grâce à l'ampleur et la vitesse des réseaux sociaux qui ont tout changé : les consommateurs ont la capacité d'enclencher la plus efficace des révolutions qui ait jamais existé. Une révolution loin des partis politiques. Une révolution par les actes, et notamment par les actes d'achat. Acheter, c'est voter. La Carte Bleue est le bulletin le plus immédiat qui soit pour faire évoluer le monde ! »

De nos jours, et cette conviction est partagée par les trois fondateurs de C'est Qui Le Patron ?!, qui placent le collectif au-dessus de tout : « Aucun homme politique ne sera plus efficace qu'une grande famille d'êtres humains, une famille dont l'unique but est de vivre mieux, dans un monde qui ressemble enfin à leurs attentes. » Et si vous, consommateurs, vous demandiez chaque matin : à quoi sert-il, cet argent si difficile à gagner ? Où va-t-il ? Quel monde vais-je façonner et léguer à mes enfants, à travers mes achats ?

« Ces questions ne sont pas que des préoccupations de bobos, d'urbains, de privilégiés », affirme Nicolas Chabanne. Car l'opinion publique change et les Français, quelle que soit leur catégorie sociale, veulent avoir accès à une meilleure alimentation. Et une alimentation, de surcroît, qui leur *parle*. À cet égard, les questionnaires effectués depuis plus de deux ans par C'est Qui Le Patron ?! révèlent un fait majeur, qui signe une prise de conscience nouvelle des consommateurs : la volonté de favoriser le *Made in France*. Le lait français plutôt qu'européen. La sardine française plutôt qu'espagnole. Est-ce du patriotisme ? Du repli sur soi ? Peut-être. C'est aussi une question de bon sens, et un progrès écologique : acheter au plus près, ça pollue moins qu'acheter en Espagne, voire au bout du monde ! On peut également y voir la fierté de privilégier ceux qu'on aperçoit quand on traverse la France rurale, « nos » paysans – agriculteurs, éleveurs, vignerons, apiculteurs – qui sont les héros d'une image d'Épinal chérie et fantasmée par les urbains, soit huit Français sur dix. Pourquoi ? Parce que les paysans incarnent plus que jamais un âge d'or, où le travail était dur et noble, le contexte ardu mais bienveillant. Cela ne correspond pas vraiment à la réalité, car les temps ont toujours été difficiles pour les paysans. N'est-ce pas le propre des clichés que de véhiculer des idées qui embellissent, ou enlaidissent, la réalité ?

Avant de revenir à ces profonds bouleversements qui modifient notre manière de consommer, avant de parler d'avenir, d'élan citoyen, découvrons l'aventure de C'est Qui Le Patron ?! Elle peut se résumer à quelques chiffres clés : plus de 2 000 familles de petits producteurs bénéficient de la démarche initiée par Nicolas Chabanne, et d'autres s'y rajoutent chaque mois ; 120 millions de produits ont été vendus depuis fin 2016 (soit dix fois plus qu'espéré au départ), et 8 millions de consommateurs sont des fidèles de la marque… Huit millions de Français qui veulent que les choses changent, et bientôt beaucoup plus ?

Aujourd'hui, C'est Qui Le Patron ?! représente bien plus que des chiffres... C'est une longue histoire, faite de grands espoirs et de purin, de flonflons et de désespoir, d'anecdotes cocasses et d'incroyables destins ; la vie d'hommes et de femmes de ce pays, tout simplement.

CHAPITRE 1

L'histoire avant la création de C'est Qui Le Patron ?!, ou comment des « inconnus » et des « moches » peuvent aussi avoir leur place au soleil

Des lunettes en métal surmontées d'une mèche qui commence à se teinter de gris, un sourire presque constant aux lèvres et une voix qui porte – de celles, enjouées, qui vous font penser *cet homme-là, c'est un bon vivant !* – Nicolas Chabanne est un drôle de personnage. Séducteur et insaisissable ; bavard mais réservé quand on en vient à parler de sa famille, de son passé. Et pourtant, ce petit grain de folie qui lui fait déplacer des montagnes, aimer Rimbaud par-dessous tout (il en parle souvent, de Rimbaud…), se lancer dans des aventures incroyables, ça vient bien de quelque part, non ?

Après quelques réticences, Nicolas Chabanne finit par dévoiler des bribes de son histoire. Une figure s'impose à l'évocation des souvenirs : celle du grand-père maternel, Jacques Brunot, qui a passé sa vie à Madagascar. « Quand ma mère s'est trouvé un mari, mon père, un Ardéchois pur sucre, ils sont partis s'installer à Madagascar pour rejoindre mon grand-père et travailler dans son entreprise. Si je suis né en France, j'ai grandi sur la Grande

Île jusqu'à l'âge de sept ans. Mais hélas, mes souvenirs ne sont pas si nombreux. La chaleur, bien sûr, les odeurs sucrées et fortes, les fruits délicieux, des flashs de la vie familiale très soudée, avec trois frères et sœur, un peu comme un clan. »

Le grand-père Brunot est un homme qui a profondément marqué Nicolas Chabanne. Son destin est celui, classique à l'époque, d'une ascension sociale et d'une envie d'ailleurs. Fils de paysans, devenu ingénieur Arts et Métiers, il a débarqué à Madagascar vers 1930, envoyé par une entreprise française pour diriger une usine de corned-beef. « C'était un homme droit, très profil bas, l'inverse d'un hâbleur », dit Nicolas. L'inverse de Nicolas ? On ne peut s'empêcher de le penser, un peu, tant le petit-fils est bavard !

Un jour, le grand-père décide de se mettre à son compte et crée une société qui importe des produits laitiers. Il exporte ensuite le fameux poivre vert de la Grande Île, puis développe le commerce des grosses crevettes malgaches à destination du Japon et de l'Europe. Y aurait-il une filiation inconsciente avec ce grand-père du bout de monde ? « Sûrement, répond Nicolas. La nourriture, les bonnes choses, les innovations… Mais mon enfance et mon adolescence ne présagent en rien tout cela. Je deviens un gamin intrépide, en apparence bien sûr, et peut-être pour attirer l'attention, qui sait ! »

À leur retour de Madagascar, les parents Chabanne et leurs quatre enfants s'établissent à Carpentras, où Nicolas va vivre jusqu'au baccalauréat. Le père devient journaliste, la mère, agent immobilier – « sauf qu'elle est tellement honnête, dit son fils, que pendant des mois, elle ne vend rien de rien, révélant tout aux acheteurs potentiels, notamment les défauts des maisons ! »

Nicolas Chabanne est un peu plus rusé. Il le reconnaît volontiers, et ça le fait sourire. Les épreuves du bac, par exemple. Il aime raconter cette histoire. Comme toutes les histoires, d'ailleurs, il a un don pour ça. On se demande si ce moulin à paroles ne serait pas capable de broder tout et son contraire pour le plaisir de la conversation. Mais derrière cette faconde, il y a un homme plus secret, compliqué, et sincère à la fois.

Donc, le bac. L'anecdote vaut le détour, comme un avant-goût de cette tchatche candide et tellement efficace qui, des années plus tard, vaincra bien des résistances… Le bac, il fallait qu'il l'ait, ce qui était loin d'être gagné car l'école et lui, ce n'était pas le grand amour. Quelques jours avant l'épreuve de latin, coefficient 5 dans sa filière, il réalise qu'il doit réviser 45 textes qu'il n'avait pas pris la peine de beaucoup étudier pendant l'année… « Et là, je tombe sur *Invocation à Vénus*, une traduction que Rimbaud avait faite du texte latin *De Natura Rerum* de Lucrèce. Sa traduction est contestée car on sait qu'il a plagié un poète de la fin du XIXe siècle, Sully Prudhomme, mais le texte est magnifique – il faut dire que je suis déjà amoureux fou de Rimbaud. » Le jour de l'épreuve, il lance au professeur : « Madame, après l'examen, donnez-moi cinq minutes pour parler de cette traduction ! » Elle est si intriguée qu'elle le laisse longuement disserter sur *Invocation à Vénus ;* et il doit être inspiré parce qu'il obtient 17/20, et son bac, grâce à elle… Et à Rimbaud !

Nicolas Chabanne se retrouve ensuite à la Sorbonne presque par hasard. Il suit en dilettante un cursus de lettres modernes, des ateliers de théâtre, et il se fait un ami pour la vie, « comme un frère pour moi » : Nikos Aliagas. Ils vont aux mêmes cours et partagent la même lubie : établir une sorte de guide des restos U de Paris. « En quatre ans de fac, on les a tous testés, eux et leur malbouffe ! » Un jour, en passant devant Le Procope pour aller au resto U de Mabillon, Nicolas et Nikos restent éberlués devant la carte de ce restaurant mythique, qui leur paraît hors de prix, et devant la beauté de la salle qu'on aperçoit depuis la rue, avec ses banquettes de cuir rouge. « Waouh, qui peut manger là ? », se demandent-ils. « Des années plus tard, raconte Nicolas, alors que j'y étais invité pour un déjeuner professionnel, j'envoie un texto à Nikos en fin de repas : *Tu sais où je suis ? Au Procope !* Et Nikos d'arriver illico pour boire un verre. On a trinqué en mémoire du bon vieux temps ! »

Après la fac, il se retrouve dans le milieu du showbiz, complètement par hasard, encore une fois. Cet homme semble bizarrement gouverné par le hasard. À moins, en ce qui le concerne, que le hasard ne soit l'autre nom du flair ? Il croise Léo Ferré, Bernard Lavilliers, des gens de la télévision et de la culture. « Au début, j'apporte les cafés, puis je deviens une sorte d'agent qui aide à organiser des événements. Je fais des rencontres folles, je vis des moments incroyables ; un producteur dans le milieu du football me remet même les clés d'un appartement de 120 m^2 près des Champs-Élysées, assorti d'un contrat mirifique pour travailler à ses côtés. » Nicolas Chabanne refuse, et résume ainsi cette période : « J'ai souvent eu l'occasion de devenir un blaireau plein de fric. » Mais c'est impossible, « le cynisme est tellement frappant dans ce milieu ». Un jour, Anémone, l'actrice, lui sort : « Je ne vous sens pas en phase avec ce métier, vous êtes différent ! » C'est le déclic ; car « porter la valise d'Ophélie Winter, ça peut être drôle cinq minutes, mais ça n'a aucun sens », comme il dit aujourd'hui.

Alors, quoi ? Tout plaquer ! Le jeune Parisien qui gagnait de l'argent sans trop savoir pourquoi rentre chez lui, dans le village où il habite toujours, au pied du Mont Ventoux. Peut-être pour trouver un sens à sa vie…

« Inconsciemment, je sais que je peux tout faire », affirme-t-il. Heureux homme ! Et on sent que ce n'est pas de l'esbroufe quand il précise : « À l'inverse de beaucoup de gens, j'adore redémarrer, ça ne m'effraie pas. » Après les vedettes du showbiz, il s'associe avec un copain pour lancer une chaîne de lavage automobile. Implantée sur les parkings des supermarchés, elle embauche des jeunes en réinsertion. Le décalage l'amuse, des célébrités parisiennes aux bagnoles de province.

Il affirme n'avoir jamais rien planifié. « Tout, chez moi, se passe à l'instinct. Il faut que je sente les choses, littéralement. » La suite va le prouver : n'a-t-il pas eu la capacité de *sentir* des changements à l'œuvre dans la société française ?

L'aventure du Petit Producteur

Après l'épisode des stations de lavage, Nicolas Chabanne se retrouve embarqué dans la communication. C'est la communauté d'agglomération du Grand Avignon qui le charge, notamment, de s'occuper de la promotion de la fête de la fraise de Velleron, chaque 8 mai. « Quand j'étais gamin, raconte-t-il, mes copains d'école étaient les enfants des producteurs de fraises de la région. C'est un milieu que je connais bien ; je suis même membre de la Confrérie de la fraise de Carpentras ! » Mais le néo-communicant réalise, en ce début des années 2000, que même si les producteurs font les meilleures fraises du monde, qui poussent sur des sols sains et sans pesticides, personne ne le sait !

Il faut une idée… Mais laquelle ? Un événement de promotion agricole est programmé au Sénat, à Paris. Affublés de cocasses déguisements de fraise géante (!), Nicolas et les producteurs de fraises installent des stands dans le grand hall et font goûter leurs petites pépites rouges à tout le monde. Fort de son succès, et grâce aux connexions de sa vie d'avant, Chabanne dépose même quelques barquettes à la Présidence de la République – c'était l'ère de Jacques Chirac. Depuis, chaque printemps, les premières fraises du Vaucluse sont livrées au palais présidentiel... Certes ça semble facile de convaincre la terre entière avec des produits pareils ! Car Chabanne a de la chance. Celle d'avoir grandi, et de vivre aujourd'hui encore, dans une région généreuse près du Lubéron où les fraises les melons, les abricots, et tant d'autres fruits et légumes sont de vrais bijoux, des explosions de saveurs. Mais comment les distinguer des autres, si fades, ou gavés d'OGM et de pesticides sur les étals des magasins ?

« Ma vraie révélation, se remémore Chabanne, c'est une discussion, un jour dans ma région, avec un producteur de fraises succulente, le père d'un copain d'enfance. Il me raconte que les gens qui viennent dans sa ferme lui acheter des barquettes sont prêts à mettre le prix. Parce qu'elles sont bonnes, et parce que c'est lui : ils le connaissent. En revanche, lorsqu'il vend ces mêmes barquettes dans un supermarché à 5 kilomètres de là, il est anonyme, et moins bien payé. Je lui ai dit : *Mais il faut mettre ton nom et ta photo dessus !* » Aussi simple que ça ? Oui.

C'est ainsi que naît Le Petit Producteur, cette mise en avant des agriculteurs de Provence et du Roussillon qui s'engagent à présenter des produits de qualité, leur nom et photo sur les barquettes faisant foi. En échange de cette exposition, ils sont rétribués par les magasins environ 30 % de plus que les prix moyens pratiqués dans la grande distribution. C'est la première des initiatives gagnantes de Nicolas Chabanne, qu'il va développer avec sa sœur Élisabeth.

Si l'on peut tous avoir des idées, c'est une autre affaire que de les mettre en pratique. Comment a-t-il procédé ? « J'ai acquis une certitude, raconte Nicolas, si vous arrivez à dégotter un rendez-vous en tête à tête avec un décideur, ça change tout. Pour Le Petit Producteur, je me suis demandé quelle enseigne arrivait encore à vendre des produits un peu plus cher que les autres ? Monoprix ! Parce qu'ils sont installés en centre-ville, et qu'ils s'adressent à des urbains. J'ai donc étudié l'organigramme de Monoprix. Je savais qu'il ne fallait pas que je rencontre un acheteur de l'enseigne, car il n'allait réfléchir qu'en fonction du prix. Et pourquoi pas, carrément, le directeur général adjoint, Hubert Hémard ? J'appelle son assistante, je raconte le projet, et j'obtiens un rendez-vous. Quelque temps après, je me retrouve en face d'Hubert Hémard. Seulement lui et moi, sans assistants ni conseillers. Et là, je lui demande simplement : *Si on a un producteur qui est prêt à s'engager, à mettre sa photo parce que ses produits sont fantastiques, vous en pensez quoi, vous l'achetez ?* C'est fou, mais il a été convaincu ! Ce qui est décisif, c'est d'embarquer les gens, à titre personnel, sur un projet qui tombe sous le sens. »

L'opération est lancée en 2006 chez Monoprix. Très vite, des centaines d'arboriculteurs et de maraîchers de la France entière participent à l'opération. « Ces corbeilles de fruits où l'on voyait la bobine de Thierry, de Philippe ou de Guy, cela a permis de créer un lien avec les consommateurs, se remémore Chabanne. Il y a treize ans, personne ne parlait des petits producteurs. Les grands groupes de distribution les escamotaient, et eux, ils étaient bien trop pudiques pour se mettre en avant. »

Les voilà prêts à se dévoiler un peu plus. Une bobine sur une barquette, mine de rien, ça change tout. « C'est aussi un écho à ce que vivaient nos parents ou grands-parents, et que la plupart des Français ont oublié : ce lien quotidien avec le producteur de pommes du champ voisin, avec le fromager artisanal, avec le légumier du village d'à côté. C'est tout de même autre chose que d'acheter des barquettes en plastique au supermarché, et d'essayer d'en déchiffrer les étiquettes », analyse Chabanne. Grâce au Petit Producteur, cela a commencé à changer. Pendant des années, le label a défendu avec enthousiasme ceux qui faisaient naître fruits et légumes – aussi bien les cerises, figues, raisin, prunes, pommes, que les mâche, asperges ou légumes anciens... Et en 2019, le label existe toujours…

Mais revenons à Nicolas Chabanne. Sa vie se déroule à cent à l'heure. Il raconte que parfois il se réveille la nuit, et à regarder le Mont Ventoux sous la lune en grillant une cigarette, il se demande ce qu'il va pouvoir faire de toute cette énergie qui bouillonne en lui. Aider les consommateurs ? Changer le monde ? Beaucoup de ses illuminations, assure-t-il, sont nées de ces insomnies face à la montagne. Il a quand même le temps d'avoir une vie privée. Il est père de trois grands enfants avec une femme « qui les a très bien élevés », et il vit désormais avec Martina, une jeune femme tchèque « essentielle à son équilibre », dit-il. Elle aussi avait trois enfants quand ils se sont rencontrés, voilà plus de dix ans. Ils forment désormais une grande famille recomposée, et le rôle du patriarche volubile mais de passage, puisqu'il n'est dans son village que le week-end, le reste du temps à Paris, semble le ravir. Martina dirige l'une des stations de lavage de voitures créée quelques années auparavant par Nicolas, non loin de leur village du Vaucluse. Et avant de clore les confidences, il ajoute qu'« elle adore avoir relevé ce challenge ».

Le déclic des Gueules Cassées

Au printemps 2014, Nicolas Chabanne a une autre idée. Une idée dont vous avez peut-être entendu parler. Toute simple, elle aussi. Elle a pris corps à la suite d'une visite chez un agriculteur associé à la démarche du Petit Producteur : Thierry Saint-Michel. Son exploitation au bord du Rhône, en Provence, produit d'excellents abricots qui ne sont jamais arrosés. Toute leur saveur vient d'une nappe phréatique située à six mètres de profondeur, qui irrigue naturellement la terre et permet aux fruits d'avoir juste ce qu'il faut d'eau, et de sucre. « Goûtez-les si vous en avez l'occasion, c'est une merveille ! » dit Chabanne. Sauf qu'un jour, il voit Thierry écarter certains fruits qui paraissent pourtant parfaits. « Oui, mais celui-ci est un peu trop gros, explique le producteur. Et celui-là, un peu tavelé. Si je ne les enlève pas moi-même, c'est toute la palette qui sera ensuite rejetée pour non-conformité. »

Soudain, comme s'il avait poussé une porte secrète ouvrant sur un monde caché, Nicolas découvre l'ampleur du gaspillage alimentaire. Des millions de tonnes, chaque année en France. « Plus exactement, précise-il, 10 millions de tonnes de produits consommables qui ne voient pas un estomac humain ! Pour donner une comparaison, 10 millions de tonnes, ça équivaut au Stade de France rempli à ras bord, jusqu'en haut ! »

« Et il n'y a pas que les fruits et les légumes, continue-t-il, savez-vous par exemple que vos céréales du matin sont, elles aussi, calibrées ? Que si le fabricant décide qu'elles doivent mesurer 3,5 millimètres de diamètre et qu'elles ne font que 3,4 millimètres, l'ordinateur de tri à l'usine va les mettre au rebut ? Sous prétexte que le consommateur voudrait des produits esthétiquement sans défauts, on jette sans cesse. Des millions de tonnes… »

En avril 2014, c'est décidé, il lance un nouveau label : Les Gueules Cassées. La référence aux soldats de la Grande Guerre était osée, et il espère n'avoir pas trop offensé d'anciens combattants, « mais il fallait marquer les esprits », dit-il. Le logo attire l'attention – une petite pomme qui sourit, avec un œil au beurre noir et une seule dent.

Le fonctionnement est des plus limpides. Chaque producteur peut bénéficier du label afin d'apposer le logo Les Gueules Cassées sur ses produits « moches », et s'engage à baisser son prix de vente d'au moins 30 %. Ainsi, tout le monde y gagne : le producteur qui vend ce qui allait à la benne, le consommateur qui se régale pour moins cher, et la planète qui n'a pas à souffrir de tant de cultures inutiles.

L'idée est noble… Mais là encore, il faut la mettre en musique. Nicolas Chabanne raconte : « C'est une histoire de rencontres et de conviction. Je n'hésite jamais à appeler un mec important si j'ai une idée à partager ! Au téléphone, je lui lance :

— Donnez-moi quinze secondes de votre temps. Soit c'est un appel qui ne servira à rien, soit ça nous apportera des choses géniales, et là, il se trouve que c'est le second cas !

Et je dis tout ça en déconnant ! Bon, si j'accroche son attention, je ne vais jamais lui demander :

— Est-ce que vous pensez que cette idée peut marcher ?

Mais plutôt :

— Comment imaginer que ces produits si bons, et

vendus 30 % moins cher, pourraient ne pas séduire les consommateurs ?

Il faut trouver la phrase juste qui résume tout. Sans compromis, sans concession. Je ne parle pas comme un bonimenteur, mais comme quelqu'un qui veut partager une conviction simple et sincère. »

En quelques mois, le succès des Gueules Cassées est immense. Il annonce celui de C'est Qui Le Patron ?!, son côté participatif et transparent. Parce que les consommateurs répondent en masse à cette question, posée par Chabanne sur les réseaux sociaux : « Et si on consommait des fruits et légumes moches, plutôt que de les jeter ? » En trois jours, six mille personnes promettent : « Oui, on va les manger ! »

Au-delà des Gueules Cassées, la question du gaspillage alimentaire occasionne de nombreux articles et reportages. Cela a-t-il fait bouger les mentalités ? Peut-être ! À l'étranger, on parle des Gueules Cassées depuis l'Australie jusqu'au Brésil, et en décembre 2015, Chabanne est même invité par l'ONU pour présenter l'initiative à New York. À cette occasion, le *New York Times* consacre un article aux Gueules Cassées, qui s'intitule : « *Save the Planet. Eat Ugly.* » (« Sauvons la planète. Mangeons moche. »)

Avec le recul, Nicolas est fier qu'une idée toute simple ait pu autant marcher. Il y tient : ses idées, tout le monde aurait pu les avoir ; il se trouve qu'il les a eues, mais il n'en tire aucune gloriole. « Je suis profondément heureux que ça fonctionne, voilà tout ! »

CHAPITRE 2

C'est Qui Le Patron ?! et la genèse d'une aventure collective, ou comment devenir « consom'acteur » de nos vies !

On l'a compris, il a des idées, ce Nicolas Chabanne. Toutes ne sont pas bonnes, mais souvent, ça fait mouche. Celle qui donnera naissance à C'est Qui Le Patron ?! est sortie de son chapeau en 2013, alors qu'il avait pourtant fort à faire ; toujours occupé par Le Petit Producteur, et pas encore lancé dans Les Gueules Cassées…

Ce jour-là du printemps 2013, il se retrouve convié à une réunion de la grande distribution, en tant que représentant de l'aventure du Petit Producteur. Dans cet univers ultraconcurrentiel et ultraverrouillé, c'est la crise. Le scandale de la viande de cheval, vendue à la place de la viande de bœuf dans des barquettes de plats préparés, est passé par là. La confiance des consommateurs s'érode, et les *big boss* du monde de l'agroalimentaire et de la grande distribution se grattent la tête. Comment faire ?

Lors de la réunion, Chabanne est un outsider qu'on regarde avec intérêt, mais un outsider. Et celui-ci ouvre les oreilles. C'est instructif ! Parmi les nombreux thèmes abordés, il retient une chose. Que les marques « classiques » perdent énormément de parts de marché dans les magasins, au profit de ce qu'on appelle dans le secteur les « marques de distributeurs », ou MDD pour faire plus court. De quoi s'agit-il ? Du lait estampillé Carrefour, du chocolat Auchan, des petits pois Monoprix, et ainsi de suite jusqu'aux shampoings, yaourts, beurre, etc. Et comment ça se passe ? Très simplement… et discrètement : les distributeurs, d'Intermarché à Système U, en passant par Leclerc ou Monoprix, établissent pour chacun de leurs produits « maison » un cahier des charges strict, qui stipule la façon dont leur chocolat ou leur beurre doit être fabriqué, avec quels ingrédients, de quelle origine, et pour quel prix total. Puis ils font fabriquer le produit par des marques connues, ayant pignon sur rue.

Vous trouvez ça bizarre ? Oui, d'une certaine façon. Bizarre de savoir que les tagliatelles estampillées Carrefour sont fabriquées par la marque très connue Panzani, dont on retrouve par ailleurs les pâtes en vente chez… Carrefour. Sauf que Nicolas Chabanne ne s'arrête pas à la bizarrerie. Une fois sorti de la réunion, il pousse le raisonnement plus loin : et si nous, consommateurs, pouvions déterminer *nous-mêmes* ces cahiers des charges, et faire fabriquer les produits que nous *voulons vraiment* ?

Quelques jours plus tard, il se retrouve à boire un café avec Hubert Hémard, le directeur général adjoint de Monoprix, qui avait été le premier à accepter de distribuer à grande échelle Le Petit Producteur. La rencontre, plutôt informelle, se déroule dans un bistrot place des Ternes, à Paris. Au détour d'une phrase, Chabanne teste son idée auprès du dirigeant :

– Hubert, tu penses que ça peut marcher, une marque de consommateurs ?

Hémard répond du tac au tac :

– C'est évident ! Et ils l'achèteront d'autant plus volontiers qu'ils auront participé au cahier des charges !

Épaté par son enthousiasme, Chabanne range néanmoins l'idée dans un coin de sa tête. L'initiative du Petit Producteur lui prend tout son temps.

Sauf qu'il y repense, encore et encore. Il imagine créer une marque qui s'appellerait « la marque des consommateurs ». Mais comment faire ? Par où commencer pour mettre en pratique son intuition ? C'est alors qu'il rencontre celui qui deviendra l'homme providentiel, Laurent Pasquier, une sorte de geek à la tête bien faite, et très calme, ce qui impressionne quelque peu Chabanne, si souvent dans le trop-plein d'énergie.

En 2011, Laurent Pasquier avait inventé un site Internet révolutionnaire. Son nom : mesGoûts.fr. Précurseur, en quelque sorte, de Yuka et autres applications d'analyse nutritionnelle très en vogue, ce site recense des informations jusque-là confidentielles. Ou du moins, bien cachées. Car à l'époque – il y a huit ans seulement, mais c'était un autre monde ! –, les fabricants pouvaient toujours se permettre de ne pas jouer la transparence. « Quant aux consommateurs, explique Laurent Pasquier, ils n'étaient pas forcément aussi sensibles qu'aujourd'hui aux thèmes nutritionnels et écologiques, et, surtout, ne connaissant pas encore le pouvoir qui était à portée de clic de tout un chacun sur Twitter ou Facebook, ils ne songeaient même pas à *exiger* d'en savoir plus. »

Outre les données nutritionnelles, mesGoûts.fr agrège des renseignements jusque-là épars : la provenance des produits (en circuit court ou pas, France ou étranger), l'origine et l'éthique des entreprises fabricantes, la composition précise (notamment en fonction des allergies), et bien sûr le prix. C'est un travail de Titan. Pour le comprendre, il faut savoir comment un ingénieur de 45 ans, Laurent Pasquier, s'est, au fil des années, transformé en l'un des meilleurs défenseurs des consommateurs français.

L'arrivée de la formule magique

Bien qu'ayant grandi en région parisienne, Laurent Pasquier est issu d'une famille aux origines très « terroir », qui l'ont profondément façonné. Entre le Limousin, le Poitou, le Beaujolais et le Forez, c'est un concentré de France agricole. « Ma famille paternelle possédait des vignes près de Fleurie, ma famille du Poitou avait une ferme… Mais comme je suis fort en maths, je décide de suivre des études d'ingénieur, spécialisé en micro-électronique. On est bien loin de C'est Qui Le Patron ?!, même si je travaille déjà pour le public, d'une certaine manière : je crée des algorithmes d'amélioration de l'image pour les téléviseurs Philips, puis pour les écrans de smartphone. Je dépose une dizaine de brevets, et publie même quelques articles scientifiques. »

Après douze ans de formules mathématiques de haut vol, et après avoir traversé huit plans sociaux, il décide de quitter son employeur grâce à l'accompagnement à la création d'entreprise. Il a déjà un projet en tête, un projet né de la manière la plus prosaïque qui soit. En faisant les courses au supermarché pour toute la famille – sa femme avocate et leurs deux enfants en bas âge –, il réalise que c'est un véritable casse-tête ! Pourquoi ? « Parce qu'il est impossible, d'un point de vue rationnel, de choisir entre tous les produits proposés. *Impossible*. Un seul critère est sûr : le prix. Le reste ? Que des allégations invérifiables. Ce doit être mon esprit matheux, reconnaît-il en souriant. Mais ça me perturbe. » Il se dit qu'il faut qu'il classe les informations notées sur les paquets pour essayer de comprendre… Très vite, le hobby des supermarchés devient un projet professionnel.

« Je me lance dans la création de mesGoûts.fr, un moteur de recherche à la disposition gratuite du consommateur. Cette drôle d'aventure va m'apprendre quelque chose de décisif, qui me servira ensuite pour C'est Qui Le Patron ?!, poursuit Laurent Pasquier. Et cette chose c'est :

comment décrypter les produits que nous mangeons ? Car je peux vous l'assurer, malgré les tentatives de transparence des marques, ça nécessite énormément de travail de savoir ce qu'on mange. Les étiquettes nutritionnelles ne disent pas tout. Et la liste des ingrédients non plus. » Il a l'impression de mener une gigantesque enquête, ce qui ne lui déplaît pas. Le matheux, obstiné comme un roc et féru de généalogie, y voit même une certaine logique.

Au début il travaille chez lui, le soir, entrant un par un sur l'ordinateur la liste de *tous* les ingrédients de *tous* les produits alimentaires de la maison. Sachant que pour chaque produit, il faut compter vingt minutes de codage, on imagine volontiers que le projet nécessite une certaine… obstination. Mais collecter les données ne suffit pas ; Pasquier développe aussi des algorithmes qui lui permettent d'estimer les données manquantes sur les emballages – les recettes des produits, leur impact environnemental, etc.

« Au fil des semaines, raconte-t-il, j'achète plein de choses à chaque virée au supermarché, des choses pas forcément nécessaires, mais voilà, je ne les avais pas encore entrées dans ma base de données ! Je dois reconnaître que ma femme a été très patiente ! » Il embauche ensuite quelques personnes pour l'aider à tout référencer. Grâce à l'algorithme qu'il met au point, plus de 22 000 produits alimentaires vendus dans les magasins en France se trouvent sur mesGoûts.fr. Nous sommes en 2012, et des yaourts aux gâteaux, des jus de fruits aux biscottes, ou aux saucisses cocktail, on y trouve presque tout… comme sur les rayons d'un supermarché.

« Au fil des mois, ça devient mon métier et presque une obsession : communiquer au consommateur des informations en toute transparence ! Décoder les aliments, en quelque sorte. La présence d'OGM ou l'index glycémique, par exemple, je vous assure qu'on n'en parlait pas beaucoup quand j'ai lancé mon site. L'origine des produits non plus ! C'est mesGoûts.fr qui a révélé que les marques des distributeurs, les MDD, étaient fabriquées par les grandes marques ; ça a fait le *buzz* comme on dit. »

Un peu plus tard, rebelote… Au moment de l'amendement dit « Nutella », adopté pour lutter contre l'usage excessif d'huile de palme, mesGoûts.fr est sous le feu de l'actualité : c'est la première application à indiquer la présence d'huile de palme dans les produits de consommation. À ce moment-là, Nicolas Chabanne entend parler de Laurent Pasquier. Il le contacte. La rencontre a lieu dans un café près de la Bastille, à Paris.

Pour une rencontre, c'en est une ; celle de deux mondes ! D'un côté, Chabanne qui ne peut pas commencer un projet sans savoir comment communiquer dessus, de l'autre, Pasquier qui doit savoir avant tout comment ça va marcher. Mais justement, ils se complètent à merveille. Le premier a travaillé auprès des producteurs, l'autre est plus proche des consommateurs. Et quand Nicolas Chabanne évoque son projet de marque des consommateurs, quand il déroule son intuition, Laurent Pasquier lui répond algorithme. Réponse aride ? Non, essentielle. Car à ce moment-là, Pasquier met au point un nouvel « algo », comme il dit, qui pourra estimer la valeur réelle d'un produit afin de la comparer avec son prix de vente en rayon. Pourquoi ne pas en profiter pour imaginer un questionnaire-test façon QCM destiné aux consommateurs ?

Dans le monde de l'agroalimentaire et de la consommation, le contexte est explosif. La méfiance grandit envers les grandes marques. Il y a eu trop de scandales et de tentatives de les dissimuler. Pour les plus connus : la vache folle, la viande de cheval à la place de la viande de bœuf, le poulet aux dioxines, les œufs contaminés, le lait infantile aux salmonelles... Chaque fois, les entreprises ont tenté d'étouffer l'affaire, et les autorités sanitaires ont voulu minimiser les choses.

« Comment, dans ces conditions, continuer à avoir *confiance* ? se demande Nicolas Chabanne. Et même lorsqu'une marque essaie d'évoluer et de lancer des produits plus sains, on ne la croit plus. C'est peut-être injuste, mais c'est ainsi. On se dit : *C'est de la récup' ! Pourquoi ne l'ont-ils pas fait avant ?* À vrai dire, l'industrie agroalimentaire n'arrive plus à incarner l'équité, une juste répartition des valeurs, la transparence des produits. »

Quant à la grande distribution, voilà des années qu'elle étouffe les producteurs et agriculteurs français. L'agriculture en a pâti. Au nom de quoi ? Du sacro-saint *prix le plus bas* ! Sauf que celui-ci a un coût : des centaines de milliers de paysans trinquent, essorés par une survie précaire.

« Néanmoins, dit aujourd'hui Laurent Pasquier, il faut reconnaître qu'au tout début, on n'avait pas en tête la notion d'équité, ni celle de la juste rémunération des producteurs. Quand j'ai élaboré le premier questionnaire sur la pizza, j'ai essayé avant tout d'être dans la transparence par rapport aux consommateurs. »

Dans la transparence, mais aussi la prise de conscience. « Il fallait reconnecter ce que *nous sommes* à ce que *nous voulons* consommer, ajoute Nicolas Chabanne. Et non pas acheter ce qu'on a imaginé pour nous. Ce qu'on imagine pour nous depuis des décennies, ça s'appelle le marketing : des gens qui conçoivent des produits pour des groupes de consommateurs finalement très abstraits et très lointains ! Et ça fait une éternité que ça dure ! »

L'idée du questionnaire tombe à pic. La méfiance, ajoutée au fait que les Français réclament plus d'informations sur les produits alimentaires, cela ne crée-t-il pas le bon contexte pour enfin leur demander carrément ce qu'ils veulent ? C'est décidé : en septembre 2013, un questionnaire est mis en ligne sur le site de mesGoûts.fr, et il concerne donc la... pizza. Et pourquoi la pizza ?

« À vrai dire, je n'aime pas particulièrement la pizza ! avoue Laurent Pasquier dans un sourire. Mais c'est un plat très populaire, plutôt simple, et qui peut énormément varier en fonction de l'excellence et de l'origine des tomates, du fromage, de la pâte, etc. Toutes choses que les internautes avaient à choisir. »

À l'arrivée, plusieurs milliers de personnes participent, ne cochant pas les options les moins chères, ni les plus chères, d'ailleurs. Tout simplement, ils arbitrent en fonction du prix estimé du produit, et de la qualité qu'ils en attendent. Pour la première fois, un « simple » QCM laisse entrevoir une révolution dans nos modes de vie : ainsi, les consommateurs bien informés seraient capables de faire des choix avisés et collaboratifs, qui se concrétiseraient ensuite en magasin ?

Hélas, la pizza de leurs rêves demeure une chimère. Le crowfunding lancé par Nicolas et Laurent ne prend pas. « On en reste là, on remise cette marque du consommateur dans la case utopie », dit Laurent. Chabanne monte alors son projet des Gueules Cassées ; Pasquier continue avec mesGoûts.fr…

La piste du lait

Les mois passent. Nous voilà en décembre 2015. Nicolas Chabanne est sur le point de s'envoler pour New York et l'ONU afin d'y présenter les Gueules Cassées. Quelques jours avant son départ, il reçoit un coup de fil d'un conseiller du ministre de l'Agriculture. Ils discutent des Gueules Cassées. Le conseiller adore la démarche, et à la fin de la discussion, il demande :

— Au fait, Nicolas, vous n'auriez pas une idée pour la crise du lait ? On ne s'en sort pas, c'est terrible, les producteurs vont mal !

Pendant quelques secondes, Nicolas est interloqué. *Ce genre de dossiers*, se dit-il, *c'est de leur ressort au ministère, pas du mien.* Mais il aime la franchise du conseiller, et finit par lui demander :

— Sur un litre de lait vendu en moyenne 77 centimes au consommateur, combien manque-t-il au producteur pour s'en sortir ?

Le conseiller ne connaît pas la réponse, mais il rappelle deux semaines plus tard :

— Il manque 7 centimes par brique !

Sachant que les Français boivent en moyenne 53 litres de lait par an, le calcul est rapide : ça fait un surcoût, pour le consommateur, de moins de 4 euros… par année !

Quelques semaines après, en janvier 2016, Nicolas Chabanne se retrouve invité à un cocktail donné dans un appartement grandiose, près du Trocadéro, à Paris. « Le genre d'endroit où personne n'a l'air d'habiter, qu'on voit uniquement dans les films. C'est un Américain qui organise l'événement, tellement ostentatoire que je m'y sens très décalé, se souvient-il. Le but de la soirée est de développer le concept des Gueules Cassées outre-Atlantique. Ça ne se fera pas finalement, mais la soirée a un mérite : je discute longuement avec Bertrand Swiderski, le directeur de la RSE pour le groupe Carrefour. »

La RSE, ça signifie « Responsabilité Sociale des Entreprises ». En gros, c'est grâce à la RSE que les grosses boîtes agissent mieux au niveau humain, éthique, écologique et durable. Bertrand Swiderski, Chabanne le connaissait déjà, puisqu'il l'avait aidé à implanter les Gueules Cassées chez Carrefour. Ensemble ils avaient même créé la marque Tous AntiGaspi, afin de vendre moins cher chez Carrefour des produits présentant des « défauts », suivant le principe des Gueules Cassées.

Ce soir-là, dans l'appartement près du Trocadéro, Nicolas expose son idée à Bertrand : lancer une marque des consommateurs. « J'évoque la pizza en premier, puisque je dispose du questionnaire auquel ont répondu des milliers d'internautes. Sauf que je repense à ce que m'a dit le conseiller du ministre de l'Agriculture à propos du lait. Peu à peu, à la notion de qualité qui présidait au questionnaire sur la pizza, s'ajoutent dans ma tête celles d'équité et de solidarité. Enfin, il faut les aider, ces producteurs de lait ! »

Nicolas et Bertrand se revoient plusieurs fois. Oubliée, la pizza. Le projet d'une marque de consommateurs prend forme autour du lait. Bertrand Swiderski en parle au responsable des achats Lait pour la France entière chez Carrefour ; il s'appelle Marc Delage, et il est partant, lui aussi.

Chabanne rappelle alors Laurent Pasquier : « J'ai une piste ! », dit-il. Moment décisif. L'intuitif a besoin du cérébral. Le communiquant du matheux. Chabanne expose ce qui se trame. Le groupe Carrefour est prêt à distribuer un produit élaboré par les consommateurs, via un questionnaire. Et la marque s'appellerait C'est Qui Le Patron ?!

Les rencontres décisives

Quel drôle de nom, C'est Qui Le Patron ?! Nicolas Chabanne en a eu l'idée dès 2014. Il faisait ses courses dans un supermarché Auchan du Vaucluse, près de chez lui, et ce jour-là, par hasard, Gérard Mulliez, le patron du groupe Auchan, était dans les murs. Il donnait même une interview télé à propos de l'initiative du Petit Producteur. Amusé, Chabanne regarde la scène de loin. « Soudain, se souvient-il, j'assiste à un moment surréaliste. Entre deux prises, une petite dame s'approche pour demander à Gérard Mulliez où se trouve la mayonnaise allégée. Et le PDG d'accompagner la petite dame chercher sa mayo… Je me suis dit : voilà la vraie patronne de Gérard Mulliez ! Qui aurait pu l'interrompre ainsi, sinon une consommatrice ? » La séquence lui reste en mémoire. Il en est persuadé, le patron, c'est le consommateur. Sauf que ce dernier ne le sait pas encore, il ne s'en rend pas compte ; cela viendra… Autre anecdote, quelques années auparavant : Chabanne a rendez-vous avec les dirigeants d'un magasin qui refusent de vendre les fraises du Petit Producteur. Avec culot, il leur lance :

— Vous savez que votre grand patron, lui, m'a dit qu'il était très intéressé ?

Les responsables se regardent, perplexes et inquiets de savoir si ce drôle de type en face d'eux connaît *vraiment* leur grand patron…

— Mais quel grand patron ? demandent-ils.

Et Chabanne de répondre :

— Mais le consommateur, voyons !

Quelques semaines après, ils prendront les fraises.

Revenons à janvier 2016. Après le coup de fil de Nicolas, Laurent Pasquier décide de participer à l'aventure. Les discussions avec Carrefour continuent. Puis Emmanuel Vasseneix entre en scène. C'est un sacré patron justement, ce Vasseneix, avec du cœur, une vision et la volonté de changer les choses. Il dirige une laiterie indépendante fondée par son grand-père, qui est devenue, sous son impulsion, la troisième de France : la Laiterie Saint-Denis-de-l'Hôtel (LSDH), dans le Loiret. Son slogan, c'est *Passion, ambition, humanité*, et « ce n'est pas parce que *humanité* arrive en dernier qu'elle n'est pas, dit Chabanne, la première des valeurs d'Emmanuel ». Le rôle de LSDH, ce sera de collecter le lait et de le mettre en brique. Ainsi, tous ensemble – Bertrand Swiderski, Marc Delage, Emmanuel Vasseneix, Laurent Pasquier, Nicolas et son grand frère, Laurent Chabanne, qui vient de les rejoindre –, ils réalisent que ça peut marcher.

Pour eux, le concept est clair comme de l'eau de roche : publier sur Internet un QCM qui permettra aux consommateurs d'établir leur propre cahier des charges. « À ce moment-là, se souvient Nicolas, on croit tous – peut-être parce que nous sommes d'indécrottables optimistes – que la majorité des internautes va choisir l'option de payer quelques centimes de plus pour permettre aux producteurs de vivre dignement de leur travail. On le croit, mais en fait on n'en est pas sûrs du tout ! » Peu importe, ils avancent. Au printemps 2016, les grandes lignes sont définies : une fois le cahier des charges voté, le lait sera collecté et mis en brique par LSDH, puis distribué dans les magasins Carrefour sous la marque C'est Qui Le Patron ?! Ne reste plus qu'à trouver les producteurs de lait qui les suivront dans cette aventure…

CHAPITRE 3

« OK, on vous suit ! » Ou comment une incroyable aventure collective transforme les rêves en réalité

Au printemps 2016, les manifestations contre la loi Travail du gouvernement de Manuel Valls se multiplient ; la France vit toujours sous le régime de l'état d'urgence, quelques mois après les attentats qui ont ravagé Paris, et peu avant celui de Nice. Au ministère des Finances, l'ambitieux Emmanuel Macron s'apprête à démissionner pour se bâtir un destin. Et depuis le début de l'année, la crise du lait fait des ravages, mettant au bord de la faillite de nombreux producteurs, conduisant certains au suicide. Mais qui s'occupe de cette crise-là ?

À vrai dire, pas grand monde. Ou plutôt : quelques idéalistes, quelques convaincus. Parmi eux, il y a ceux qui, séduits par l'aventure C'est Qui Le Patron ?!, sont prêts à s'engager, malgré – ou justement *grâce à* – leurs hautes responsabilités dans l'industrie.

Prenons Bertrand Swiderski qui s'occupe de la RSE chez Carrefour. Issu d'un milieu « simple », dit-il, dans une famille du Pas-de-Calais, il a suivi des études d'ingénieur en environnement. Après avoir travaillé chez Mars, chez Nestlé, après avoir monté une boîte de conseil en environnement, il arrive chez Carrefour en janvier 2012. Il dit d'emblée de quel côté il se trouve : celui de l'humain et de la planète. Donc de la transition alimentaire, des produits sains, de la chasse aux pesticides… « J'ai des convictions, mais je préfère travailler pour des grandes marques. Car je pense qu'il vaut mieux être à l'intérieur du système pour changer les choses, même si je suis archi-loyal à mon employeur. » Swiderski croit en un atout apparemment basique, mais qui ne l'est pas tant que ça : l'énergie des gens. En l'occurrence, celle des consommateurs. Voilà pourquoi, selon lui, C'est Qui Le Patron ?! est aussi révolutionnaire. « C'est leur énergie qui a presque tout fait. Ce sont eux qui ont acheté les produits, qui ont relayé l'info sur les réseaux sociaux… Parce qu'ils savent que c'est leur marque ! »

À l'instar de Swiderski, Emmanuel Vasseneix, le patron de la Laiterie Saint-Denis-de-l'Hôtel, a été décisif. Bien qu'étant un héritier, puisque son grand-père et son père ont présidé aux destinées de l'entreprise, Vasseneix ne se vit pas ainsi. On dirait un visionnaire. Un casseur de codes qui dit, par exemple : « Si on ne change pas radicalement notre façon de consommer, on manquera de matières premières dans dix ans. » Muni d'un BTS en laiterie, il a pris les commandes de l'entreprise familiale qu'il a menée jusqu'aux sommets du secteur en France (en face, il y a des géants comme Lactalis). Et il l'a fait avec de fortes valeurs humanistes et environnementales. Ce qui signifie, dans sa partie, de développer des laits naturellement riches en oméga-3, biologiques, issus d'exploitations respectant le bien-être animal, ou encore sans OGM… Lui-même se définit ainsi : « Je suis un rebelle en guerre contre le saccage de l'agriculture française, contre les politiques successives qui ont rendu les producteurs dépendants des aides. C'est un combat de tous les jours de redonner du sens au monde agricole. »

Il rencontre Nicolas Chabanne et Laurent Pasquier au printemps 2016. C'est Chabanne qui l'appelle, sur les conseils des gens de Carrefour. Le rendez-vous se déroule à merveille. Entre des hommes aussi directs et engagés, on ne tourne pas autour du pot bien longtemps. Ils tombent d'accord, ce que Vasseneix résume ainsi : « On ne pouvait quand même pas foutre en l'air le monde laitier français pour 4 euros par an ! »

Concrètement, que va faire cet industriel dans l'aventure ? Son entreprise indépendante fabrique et conditionne tous types de liquides alimentaires – du lait aux jus de fruits, des soupes aux eaux gazeuses. Mais son cœur de métier, historique, c'est le lait. Et pour le lait, LSDH assure toute la chaîne, depuis la collecte chez les producteurs, dans des camions réfrigérés, jusqu'à la mise en brique ou en bouteille, à l'usine. Chaque année, ses camions collectent 300 millions de litres de lait dans 16 départements. Mais ce n'est pas seulement ses compétences industrielles qui font penser aux patrons de Carrefour que Vasseneix pourrait être le partenaire idéal d'une telle opération. C'est aussi parce que « seul un type comme lui, disent-ils, est capable de dire oui à un projet aussi dingue ».

Lorsqu'il discute de C'est Qui Le Patron ?!, Emmanuel Vasseneix emploie autant le « ils » que le « nous ». « Car cette marque est devenue un peu la nôtre. » Outre le fait d'être un partenaire industriel, il se définit aussi comme un sociétaire, au même titre que les huit mille adhérents de C'est Qui Le Patron ?!, au même titre que tous ceux et celles qui se sont engagés pour que ça réussisse. « Voilà, affirme-t-il, ce qui est révolutionnaire : il y a eu une solidarité, une prise de conscience. Si l'on veut conserver une alimentation saine, durable et d'origine française, il faut faire attention à la façon dont on mange. Sauf que le pourcentage de l'alimentation dans le budget des ménages a dégringolé – entre 10 et 15 %. C'est extrêmement peu ! Quand on voit, en comparaison, le prix d'un iPhone… C'est pour cela que la pédagogie est indispensable, la transparence aussi. »

Quand ils repensent aux prémices de C'est Qui Le Patron?!, Bertrand Swiderski et Emmanuel Vasseneix évoquent une alchimie : la rencontre des bonnes personnes au bon moment, autour de la bonne cause. « Il fallait Nicolas Chabanne et son énergie de dingue, son flair et son talent de com' ; il fallait Laurent Pasquier et son expertise sur les produits ; tout cela au cœur de la crise du lait », dit Swiderski. Et Vasseneix de préciser : « Dans cette affaire, on était tous complémentaires, on avait envie que ça réussisse. Sans parler de la responsabilité de sauver des dizaines de familles… »

Une gouaille qui sent bon la terre

Ces dizaines de familles, ce sont celles de la coopérative laitière Bresse-Val-de-Saône (BVS), dirigée par Martial Darbon. Quel homme, ce Martial ! Il a le corps sec et musclé de celui qui a passé sa vie au grand air, un sens de la répartie digne de Michel Audiard, et des convictions bien établies. Installé sur la commune de Bâgé-Dommartin, dans l'Ain, depuis 1979, avec sa femme Martine, épousée la même année, le couple possède 90 hectares, dont 40 en prairie, et le reste en cultures – notamment blé et maïs. Sur leurs terres paissent 120 animaux, dont 55 vaches laitières de race Holstein, qui ont toutes des petits noms, de Joséphine à Paulette.

Parents de deux grands enfants qui n'entendent pas reprendre l'exploitation, Martial et Martine finiront par vendre, mais « sereinement », disent-ils. Martial a 60 ans, Martine bientôt 62, et encore quelques années devant eux avant de passer la main. Mais la situation se dégrade depuis un moment. Depuis que, en 2007, a été annoncée la fin des quotas laitiers. « Là, on a compris que tout allait s'écrouler », dit Martial. Avant, les éleveurs signaient des contrats avec des coopératives, une grande partie de leur production laitière était prévendue, et la sécurité des prix assurée. « La fin des quotas, en 2015, a mis le bazar. »

La dérégulation fait exploser le marché. Plusieurs éleveurs de Bresse se retrouvent à écouler leur lait en Italie, à des prix bien plus bas qu'avant… « Vingt-deux à vingt-cinq centimes pour un litre de lait *arrivé là-bas* », soupire Martial, ce qui signifie qu'une partie du coût des transports est à la charge du producteur, et fera encore baisser de quelques centimes ce tarif déjà ridicule. « En somme, résume Martial, on vendait à perte ! »

De surcroît, il y a des inégalités chez les producteurs. Ceux qui ont la chance que leur lait soit sélectionné pour fabriquer du Comté ou du Beaufort vivent bien mieux : ils peuvent toucher jusqu'à 80 centimes le litre. À l'autre bout de l'échelle, il y a ceux, comme Martial et Martine Darbon – et ils sont la majorité –, qui vendent leur lait pour qu'il soit transformé en fromage râpé : eux gagnent environ 30 centimes par litre. Mais ils se débrouillent. L'année 2015 passe, tant bien que mal. Début 2016 voit l'arrivée de l'orage. D'une trentaine de centimes le litre de lait en janvier, le cours tombe à 20 centimes en juin… ce qui fait un manque à gagner de 120 euros par jour, en moyenne.

« En avril, on voit le commissaire aux comptes, raconte Martial. Ça chauffe pour la coopérative. Les Italiens à qui on vend notre lait nous doivent un million d'euros, la crise est bien installée au niveau européen. On rencontre les banques afin de négocier un délai supplémentaire pour nos dettes, mais ils nous disent : *pas plus loin que novembre*. On comprend que si rien ne se passe d'ici là, ce sera la fin du bal ! »

Des réunions de crise se déroulent en préfecture, le président de la Chambre d'agriculture est là, des experts sont là, un médiateur est même nommé. Martial et Martine en rigolent encore, surtout du médiateur censé trouver une solution miracle… « On s'est dit : on ne va quand même pas crever les bras croisés. Et si on essayait d'aller voir la grande distribution ? »

Autour du couple Darbon, ceux qui ne veulent pas « crever les bras croisés », ce sont 80 familles, qui travaillent sur 51 exploitations de la région Bresse et Val-de-Saône. À eux tous, ils produisent 26 millions de litres de lait par an, et possèdent environ 4 000 vaches. « Alors on a imprimé un tract, et on a fait le tour des magasins près de chez nous pour sensibiliser les gens ! », dit Martial. Le tract est didactique : *« 51 exploitations laitières en danger. Si vous voulez que vos enfants continuent de voir des vaches quand ils vont à l'école… »* Suivent des exemples, des chiffres, des faits… Une manière poignante d'interpeller tout un chacun, avec un message simple.

À Vonnas, une petite ville située entre Bourg-en-Bresse et Mâcon, surtout connue pour être le fief du fameux restaurant 3 étoiles du chef Georges Blanc, Martial et l'un des membres de la coopérative, Wilfried, entrent au Carrefour Market. Un petit établissement, pas un hyper. Justement, il y a une jeune femme à l'accueil. Elle les écoute avec attention ; son mari est dans l'agriculture, elle s'engage à faire passer le tract à son directeur. Cet homme, Cyril Darmezin, appelle Martial le soir même. Il est touché par la situation de ces éleveurs qui vivent si près de lui, mais dont il admet méconnaître les difficultés. Darmezin promet d'envoyer le bout de papier à son directeur régional, qui, à son tour, le fera suivre à la direction nationale.

Et voilà le tract de Martial Darbon, par une « incroyable chaîne de hasards et de solidarité », s'émerveille encore Nicolas Chabanne, voilà le tract qui arrive, telle une bouteille à la mer, sur le bureau de Marc Delage, le responsable France des achats Lait chez Carrefour !

Une semaine après – une semaine d'angoisse pour les membres de la coopérative qui espèrent un signe du destin –, Marc Delage appelle Martial Darbon. Il lui propose une rencontre au siège de Carrefour, à Massy, dans l'Essonne, le 27 juin. « C'était un bureau tout blanc, sans âme, raconte Darbon. Marc Delage nous a dit qu'il avait bien compris notre désarroi, et qu'il avait peut-être une solution… Mais il est resté très mystérieux ! » À ce moment-là, Martial et les membres de la coopérative sont persuadés que, si l'intrigant projet voit le jour, leur lait servira à fabriquer de la crème fraîche ou du lait-framboise pour une MDD (marque de distributeur) !

Sauf que, en parallèle, l'initiative C'est Qui Le Patron ?! est lancée. Fin avril, Laurent Pasquier a élaboré une première version de son questionnaire destiné aux internautes. Les responsables de Carrefour et de la laiterie LSDH l'ont relu et approuvé. Fin juin, Darbon et les producteurs de lait découvrent le QCM, qui « colle » déjà grandement à leur façon de faire. Ce n'est pas si étonnant : par la force des choses, c'est-à-dire à cause de leur précarité, les producteurs de lait travaillent déjà avec des fourrages locaux, un écosystème qui valorise la diversité, et dans des exploitations à taille humaine… Marc Delage va plus loin dans les critères : « Et produire du lait sans OGM, c'est possible ? » Darbon acquiesce. La piste du bio, en revanche, est écartée. Il faut deux ans pour une certification en bio. C'est trop long, et s'ils attendent, les exploitations auront fermé ! Enfin, Martial Darbon fait quelques remarques, notamment sur la question de la rémunération la plus juste : sur chaque litre vendu, combien de centimes seront par exemple nécessaires pour les aider à sortir la tête de l'eau.

Quelques jours plus tard, le questionnaire est prêt.

Tope-là ! Et c'est parti !

Puis, c'est l'été. Un été qui semble interminable pour les éleveurs de la coopérative Bresse-Val-de-Saône. Un été lourd, chargé d'orages, ce qui oblige à garder les vaches dans les enclos. Martial Darbon continue d'espérer, mais il se fait du souci pour le sort de ses collègues ; il craint chaque jour d'apprendre que l'un d'eux n'ait mis fin à ses jours. Beaucoup sont acculés par les banques, par la paperasse, par la crise. Partout, c'est un sentiment d'abandon qui domine, que Martial résume ainsi : « Au pays de la gastronomie mondiale, on n'est même pas capable de faire vivre le monde paysan ! » Le sentiment d'injustice revient aussi dans ses propos. « Nous, on nous emmerde tout le temps. Parce que nos vaches secouent leurs cloches et que ça gêne les vacanciers, par exemple, mais ça ne dérange personne que des entreprises d'agroalimentaire puissent faire entrer en France de la viande non-européenne et bourrée d'hormones pour nourrir les gamins dans les cantines ? »

Au cours de ces semaines-là, le préfet de l'Ain réunit à nouveau Martial Darbon et les membres de la coopérative. Le médiateur livre son rapport, « inhumain », selon Martial. « Il nous a dit que si on en était arrivés là, c'est que le marché n'était plus adapté à des gens comme nous. Que la seule solution, c'était de passer au bio ! » Le producteur de lait enrage contre ce technocrate qui « roule en Porsche ». Et, devant le préfet, il répond vertement à ce « soi-disant » médiateur. Pour la coopérative Bresse-Val-de-Saône, cet épisode sonne la fin de l'intervention de l'administration française.

Néanmoins, en cet été qui n'en finit pas, les choses bougent, ailleurs.

Le 13 août 2016, le questionnaire du lait est mis en ligne sur le site nouvellement créé par C'est Qui Le Patron ?! : lamarqueduconsommateur.com. Quelques jours après, Marc Delage rappelle Martial Darbon et lui propose un rendez-vous à la mairie de Pont-de-Vaux, le 6 septembre. C'est la fameuse réunion à laquelle sont présents Marc Delage, Emmanuel Vasseneix, Martial et quelques membres de la coopérative laitière, ainsi que Nicolas Chabanne et Laurent Pasquier.

« Cette réunion, résume Martial Darbon, ça a été le tournant de ma vie professionnelle. » Pourtant elle ne commence pas si bien que ça. Quand les représentants de Carrefour disent qu'ils peuvent prendre 7 tonnes de lait, pas plus, Martial insiste. On lui répond : *Pour les tonnes restantes, vous trouverez bien des débouchés ailleurs !* La situation semble bloquée.

Puis Nicolas Chabanne et Laurent Pasquier arrivent. « *Toc toc,* ils sont entrés, raconte Martial, et Nicolas a renversé la donne. Nicolas, il peut sortir des choses d'une incorrection abominable avec une politesse totale… En gros, il a dit aux gens de Carrefour qu'ils étaient des rigolos ! Qu'ils étaient présents dans le monde entier, avec un chiffre d'affaires de dingue, et qu'ils ne pouvaient même pas absorber 26 millions de litres ! *Allez,* leur a-t-il balancé, *faites un effort !* »

Nicolas Chabanne se souvient d'avoir ajouté : « Les consommateurs se mobiliseront, mais uniquement s'ils sont sûrs d'une chose : que les 80 familles seront tirées d'affaire ; et pour cela, il faut s'engager sur la totalité, sur les 26 millions de leur production annuelle ! »

Après un silence pesant, Emmanuel, le patron de LSDH, regarde Marc, l'acheteur Lait de Carrefour. « Vous m'aidez ? On y va ? » À cette seconde-là, tout se joue. Les regards se croisent. Les gorges se nouent, et enfin tombe un mot, un seul : « OK ! »

« J'avais quand même quelques doutes, reconnaît Emmanuel Vasseneix. Était-ce seulement possible ? Difficile, mais pas impossible… On pouvait ramasser le lait à partir du 19 septembre. C'est vrai qu'on prenait de sacrées responsabilités alors qu'il n'y avait pas de débouchés clairs, qu'on n'était même pas prêts avec les emballages ! Pourtant, on a tous accepté. On a été quelques personnes qui, autour d'une table, ont dit *banco* à une aventure incroyable, sans filet juridique, sans contrat, sans études marketing, sans rien ! »

Selon Bertrand Swiderski, de Carrefour, cette absence de cadre est finalement assez logique : « Nicolas Chabanne ne négocie pas car il n'y a pas de négociation. Le groupe Carrefour a accepté les termes de leur deal, et continue de travailler avec C'est Qui Le Patron ?! sans aucun contrat. En même temps, pourquoi y en aurait-il un ? Chabanne et son équipe ne sont pas des producteurs, ni des distributeurs. Tout se fait à l'oral, à la valeur de la parole donnée. Et ça, c'est unique dans le monde de l'agroalimentaire. »

Goguenard, Martial Darbon ajoute : « C'est une aventure d'hommes ! À la fin de la réunion, Nicolas est venu me voir. *On se tutoie, hein ? Tu vas voir, on va y arriver, ça va décoiffer !* »

Après la réunion, à Pont-de-Vaux, la joyeuse troupe va manger des sandwichs sous les platanes. Puis tout le monde se sépare. Quand il voit s'éloigner Chabanne et Pasquier dans leur vieille Twingo cabossée, Martial Darbon a-t-il un doute ? « Pas du tout ! Il y avait une telle énergie dans l'air… »

Nous sommes le 6 septembre 2016.

Le 17 octobre, un mois et demi après, les premières briques de lait C'est Qui Le Patron ?! arrivent en rayon chez Carrefour. Une prouesse de rapidité, et le début d'un énorme succès.

CHAPITRE 4

Une course contre la montre de quelques semaines, ou comment naît la brique de lait C'est Qui Le Patron ?!

Sept. Le cahier des charges sous forme de QCM pour « *Un litre de lait demi-écrémé, bon et responsable* », comporte sept questions qui vont permettre aux consommateurs de créer le lait qu'ils désirent, à partir d'un prix plancher de 69 centimes, en-deçà duquel il est impossible de descendre. Car, outre quelques centimes pour les éleveurs, ce prix comprend la part du distributeur – Carrefour – et du fabriquant – LSDH. Quant à C'est Qui Le Patron ?!, il touchera 5 % du prix conseillé voté par les consommateurs.

Élaboré par Laurent Pasquier en avril et peaufiné ensuite, le questionnaire mis en ligne le 13 août 2016 sur le site C'est Qui Le Patron ?! comprend les questions suivantes :

1. *La rémunération des producteurs* avec quatre choix possibles ; chacun étant plus qualitatif, il est aussi plus cher de quelques centimes.

   • **L'alignement sur le cours mondial du lait** avec un prix à 69 centimes, et Martial et ses collègues perdraient de l'argent.

• La rémunération qui permet au producteur de ne pas perdre d'argent fait passer la brique de lait à 73 centimes, et Martial serait juste à l'équilibre.

• La rémunération qui permet au producteur de se payer convenablement fixerait le prix à 76 centimes.

• La rémunération qui permet au producteur de se faire remplacer et de bénéficier de temps libre ferait grimper le prix du lait à 78 centimes.

Concrètement, ce dernier choix signifie quoi ? Que non seulement l'agriculteur sera correctement payé, mais qu'il pourra prendre quelques jours de vacances dans l'année. Pas plus de quelques jours ? Non, et ça coûte déjà cher, car il doit embaucher quelqu'un pour le remplacer. Pourquoi ? Parce qu'une vache, on ne peut pas lui fermer les pis et dire « salut, je pars en vacances » : il faut la traire tous les jours !

2. *L'origine du lait* avec deux choix :

• Origine France

• Sans importance

Si l'on choisit le lait français, c'est un centime plus cher.

3. *Le pâturage* avec trois options :

• Pas de mise au pâturage, ce qui signifie un élevage où les vaches ne sortent jamais d'une étable industrialisée.

• Mise au pâturage environ 3 mois dans l'année, c'est-à-dire qu'elles paissent de la vraie herbe pendant 3 mois.

• **Mise au pâturage de 3 à 6 mois dans l'année,** cette dernière option étant la plus chère, elle augmente le prix de 6 centimes.

4. *L'alimentation des vaches hors pâturage (OGM),* où deux choix sont possibles :

• **Avec OGM**

• **Sans**

Si l'on choisit « sans », c'est 7 centimes de plus.

5. *L'alimentation des vaches hors pâturage (oméga-3)* propose deux options :

• **Pas d'apport particulier en oméga-3**

• **Alimentation en luzerne, trèfle, qui favorise les oméga-3 dans le lait**

Si l'on choisit cette dernière, c'est 3 centimes supplémentaires.

6. *L'origine des fourrages* donne le choix entre :

• **Sans distinction d'origine**

• **Fourrages français**

• **Fourrages locaux** (moins de 100 km du lieu d'élevage).

La dernière réponse est la plus chère, elle fait augmenter le prix de 4 centimes.

7. *L'emballage* termine le questionnaire, avec deux choix :

• **La bouteille en plastique sans opercule**

• **La brique en carton avec bouchon**

Là, c'est la brique en carton la plus économique, elle n'entraîne aucun surcoût.

Au total, ces sept questions ouvrent sur dix-huit choix. Cela fait beaucoup. Pourtant, entre le 13 août, date de sa mise en ligne, et le 20 septembre, date de sa clôture, 6 923 personnes ont rempli le questionnaire, donnant naissance à du lait de terroir en mode 2.0 ! Et quelle participation ! 6 923 personnes, c'est énorme pour une marque totalement inconnue ! Selon Pasquier, c'est la médiatisation du projet, notamment autour de la rémunération des producteurs, qui a assuré leur succès… Et, comme les initiateurs du projet l'espéraient, les votants ont validé les options les plus généreuses sur le plan de la rémunération des producteurs, mais aussi les plus respectueuses de la nature. Et voici leurs choix qui sont souvent les plus chers : l'option « temps libre » pour le producteur, le lait d'origine française, la mise au pâturage six mois dans l'année, l'alimentation sans OGM et avec oméga-3, ainsi que les fourrages locaux. Ce vote « juste » n'étonne pas Bertrand Swiderski, de Carrefour : « De plus en plus, nous avons tous envie de faire du bien à la société via notre pouvoir d'achat. De surcroît, les consommateurs adorent le monde agricole, le terroir, les paysans… Même si c'est largement fantasmé. »

D'un prix plancher de 69 centimes, la brique de lait C'est Qui Le Patron ?! atteint 99 centimes une fois les votes pris en compte. Soit moins cher que certains laits en rayon, mais au-dessus du prix moyen constaté en France (94 centimes), et bien plus cher que le prix le plus bas (67 centimes).

« C'est simple, dit Nicolas Chabanne, le questionnaire a complètement renversé le paradigme de la construction du prix d'un produit. Depuis des décennies, c'est la course au prix le plus bas, sans aucune transparence de la part des grandes marques. Sauf que les consommateurs en ont marre d'être indirectement complices de la crise que traversent les producteurs. On a cassé le mythe du conso qui ne voudrait que des prix bas. Les internautes ont voté pour un lait plus cher que la moyenne, c'est vrai, mais élaboré sur trois valeurs maîtresses : la qualité, l'équité, la transparence. »

Surtout, le lait voulu par les consommateurs ressemble comme par magie à celui de la coopérative Bresse-Val-de-Saône… Fourrages locaux, alimentation des vaches sans OGM, pâturage six mois par an. « C'est le merveilleux paradoxe de cette affaire, dit Nicolas Chabanne ; les producteurs étant fauchés, ils pratiquaient *de facto* un élevage basique et sain. » Ça tombe bien, car même si tout le monde, lors de la réunion du 6 septembre à Pont-de-Vaux, s'était engagé à respecter les résultats du vote, le soulagement est immense : Martial et ses amis font désormais *vraiment* partie de l'aventure. Le compte à rebours peut commencer. Plus que quelques semaines avant que le lait de la coopérative Bresse-Val-de-Saône ne se retrouve dans les briques bleues de C'est Qui Le Patron ?!

À bas les codes !

La machine industrielle se met en place. Comme prévu, fin septembre, les camions de LSDH débutent leurs tournées. Chez Martial et Martine, par exemple, un camion passe tous les deux jours et repart la cuve pleine : 3 000 litres de lait. Du côté de C'est Qui Le Patron ?!, le logo aux yeux rieurs et le design de la brique bleue sont prêts. Le logo est né de l'imagination de Nicolas Chabanne et de son cousin graphiste Guillaume Charvet – c'est déjà lui qui avait dessiné la petite bouille des Gueules Cassées. Chez Carrefour, les choses s'accélèrent aussi. Le produit est « référencé », comme on dit dans le jargon de la grande distribution (il s'agit d'une étape décisive : le produit fait son entrée sous forme informatique dans l'ordinateur central du groupe, ce qui permet ensuite à n'importe quel responsable de magasin Carrefour en France de le commander). Laurent Pasquier a observé tout ça de près : « Chez Carrefour, le projet a motivé les équipes, il a été soutenu par la direction, et surtout, il avait énormément de sens pour tout le monde. »

À l'époque, Chabanne et Pasquier n'ont même pas de bureaux. Leurs bureaux, ce sont les cafés ou les bars de la capitale. Ils y donnent rendez-vous, dégainent ordinateur, imagination et bagout. Mais pas d'assistant(e), ni de comptable, ni de business plan, ni de document Excel. « C'était le *no model* », en rit Chabanne. Il faudra attendre mai 2017 pour qu'ils louent un local dans une pépinière d'entreprises parisienne, et fassent leur première embauche, – un jeune homme qui depuis a choisi de quitter l'entreprise –, puis une deuxième. Celle de Nathalie Roskwas-Mouton, une diplômée d'école de commerce spécialisée en finances, qui avait tout plaqué pour « donner un sens à sa vie ».

Les semaines passent, et au cours du mois de septembre 2016, grâce au projet C'est Qui Le Patron ?! tout juste lancé, Martial Darbon et les membres de sa coopérative voient le prix du lait remonter. Ils touchent 39 centimes par litre. Forcément, ça attire l'œil dans un monde agricole sinistré. « Le même jour, se souvient Pasquier, on a eu deux dépêches AFP sur C'est Qui Le Patron ?! »

Malgré le côté « briseur de codes » et novateur de l'aventure en cours, certains chez Carrefour veulent quand même organiser une conférence de presse. Faire du *buzz*. Il est prévu que Chabanne, Pasquier et Darbon répètent leur discours avec des communicants professionnels. Deux ans plus tard, l'anecdote les fait rire jaune. « Leur message, c'était qu'on avait l'ambition de changer le monde, se souvient Nicolas Chabanne. Carrément ! Sauf qu'il y a une telle défiance lorsqu'un grand groupe dit ça. Regardez les publicités pour les yaourts avec cette jeune fermière qui brasse elle-même son lait. De nos jours, c'est inaudible, voire insupportable ! Franchement, qui peut croire qu'il s'agit d'un processus artisanal, alors qu'on sait que ces piscines de yaourt sont fabriquées dans des usines gigantesques ? »

La question de la com' est vite réglée : pas de com' ! Et tout le monde, du côté de C'est Qui Le Patron ?!, partage cette vision. Dont Emmanuel Vasseneix : « Il ne fallait surtout pas communiquer ! Pour la première fois, ce n'est pas le marketing qui a pensé un produit – je serais étudiant dans une école de marketing, d'ailleurs, je me poserais de sacrées questions… Cette histoire est la preuve que le marketing ancien est en train de s'effondrer. Donc : pas de marketing, et pas de com' non plus. Ce sont les producteurs et les consommateurs qui ont fait le boulot ! »

Mais aussi les médias… Avant même que les briques de lait n'arrivent en rayon, l'initiative fait parler d'elle. Toujours à l'affût de ce qui sort du lot, de ce qui innove, les chaînes de télévision multiplient les reportages, les journaux publient de nombreux articles. Le tapis rouge est déroulé pour Nicolas Chabanne et Martial Darbon, qui sont de « bons clients », comme on dit dans les médias : leur ardeur est immense, ils sont volubiles et authentiques. Quand Chabanne répète que sa plus grande joie, avec C'est Qui Le Patron ?!, c'est de permettre qu'« un éleveur se lève avec le sourire, se couche avec le sourire », on peut éventuellement douter, au début. Se dire que cet homme est un peu zinzin. Sauf qu'il le pense vraiment, avec une candeur, une dévotion et un enthousiasme absolus.

C'est aussi cet enthousiasme qui finira par faire taire les rares mauvaises langues, ceux qui ne croient pas au projet. « Avant même qu'on commence, se rappelle Martial, les plus négatifs étaient des gens de la filière lait ; le pompon, non ? Et aussi le président d'une Chambre d'agriculture, qui disait que c'était un truc de bobo, que les gens allaient acheter deux briques et puis plus rien. »

Martial Darbon s'en amuse encore.

CHAPITRE 5

Et la *success story* commence, ou comment un pari humain bat le marketing à plate couture

Le 17 octobre 2016, la brique bleue C'est Qui Le Patron ?! arrive dans les Carrefour de France. En comptant les hypermarchés, les supermarchés et les magasins de proximité (Carrefour City ou Market), cela fait plus de 5 500 magasins, soit presque la totalité du parc commercial du groupe. Ce jour-là, et sans cesse depuis, les producteurs de lait jouent le jeu. Ils arpentent régulièrement les magasins de la région bressanne, ils vont à la rencontre des chefs de rayons, des patrons des enseignes, et surtout des clients. Les médias sont là pour raconter la belle histoire : dans les journaux de TF1, de France 2, de France 3, sur les ondes de RTL, France Inter, Europe 1, RFI… Puis les reportages se font plus longs, plus fouillés, au fil des semaines et des mois, dans *Tout compte fait* sur France 2, *Capital* sur M6, ou *La Quotidienne* sur France 5. Aujourd'hui, les médias s'intéressent encore à cette aventure qui a tout pour plaire. La bonne action, la transparence, les valeurs… et la gouaille de Chabanne et de Darbon. Sans être un habitué des caméras, Martial a le don des formules fleuries. Comme celle-ci, balancée au cours d'un reportage diffusé dans *Tout Compte Fait* : « Le lait, il doit transpirer un peu la bouille des paysans, hein ! »

Martine Darbon, elle, continue comme au premier jour de visiter les supermarchés. « Quand les gens passent devant le stand, je leur explique notre histoire. Et à chaque fois que je vois une personne avec une brique dans son Caddie, je cours la remercier. »

Ailleurs en France, les sociétaires de la coopérative C'est Qui Le Patron ?! s'engagent. Il y a Isabelle, interrogée dans sa cuisine en banlieue parisienne, qui dit face à la caméra de *Tout Compte Fait* : « Eh bien, ce lait, il est meilleur que les autres ! C'est moi qui l'ai fait, qui l'ai choisi, et comme quand vous cultivez vos propres fleurs, c'est plus joli ! » Il y a Charly, qui engueule les responsables des magasins qui ne vendent pas encore la brique bleue ! Il y en a des dizaines, des centaines…

En novembre 2016, par exemple, Laurent Pasquier reçoit l'appel d'un consommateur. Ce dernier a une idée : il propose que les briques de lait soient vendues dans les petits commerces, les boulangeries par exemple. Sauf que ce genre d'établissement pratique des marges beaucoup plus élevées qu'ailleurs – ce qui est leur droit le plus strict, selon la règlementation française et européenne. Comment faire ? Pasquier réalise alors que le prix est l'unique élément issu des votes des consommateurs à ne pas figurer sur l'emballage. « Je me souviens qu'au début des années quatre-vingt, le *prix conseillé* était parfois indiqué sur les produits. Après avoir vérifié que c'était encore autorisé, je propose d'ajouter sur notre brique *Prix conseillé voté : 0,99 €*. Le temps d'imprimer de nouveaux emballages, le lait avec cette mention est en rayon dès janvier 2017. »

En rayon, mais toujours chez Carrefour ! Au fil des semaines, il apparaît que cette exclusivité n'est plus tenable. Malgré l'engagement décisif du groupe dans l'affaire, rien, de toutes les façons, n'avait été négocié pour qu'il soit le seul distributeur. Au contraire. Dès les prémices, Nicolas Chabanne et Laurent Pasquier voulaient que la brique bleue soit accessible à tous, et rencontre le plus grand succès possible, partout. Après quelques semaines, les consommateurs, ceux qui font parler de la marque sur les réseaux sociaux, sont les premiers à se plaindre : « Pourquoi trouve-t-on le lait uniquement chez Carrefour ? »

Outre le problème de la distribution, un autre écueil se fait jour, cette fois-ci chez les concurrents de C'est Qui Le Patron ?! Des marques pourtant mille fois plus puissantes qu'eux. Mais dans ce monde-là, on ne se fait pas de cadeaux. « Sur les réseaux sociaux, une conso parisienne a expliqué qu'au Carrefour Market près de chez elle, elle ne trouvait plus notre lait, raconte Laurent Pasquier. Elle a demandé pourquoi au chef de rayon, qui lui a répondu : *Vous voyez, là, cette marque de lait leader ? Son représentant m'a dit que si les briques C'est Qui Le Patron ?! étaient encore en vente, il ne me livrait plus !* » Après cet épisode, le grand patron de Carrefour a passé un coup de fil au grand patron de la marque leader. Et tout est, plus ou moins, rentré dans l'ordre.

En effet, la « vague bleue » a de la ressource. Comme Charly, comme Isabelle, les « consos » s'approprient la marque, passionnément, et contribuent à son essor, mieux que n'importe quelle campagne de publicité, plus efficacement que n'importe quelle stratégie marketing (voir témoignages chapitre 6). Ils font le boulot que l'entité C'est Qui Le Patron ?! ne peut pas, et ne veut pas faire – de par sa philosophie. Dès le début, Nicolas Chabanne et ses associés ont refusé les petits arrangements avec les distributeurs, arrangements auxquels se plie d'ordinaire chaque marque qui veut bénéficier d'une (belle) mise en place. C'est une réalité en France : les rapports commerciaux entre les marques et les distributeurs sont d'une grande complexité – et d'une totale opacité.

La guerre des box

Pour tenter de schématiser ces rapports de force, voici le contexte : embarqués dans la course des prix depuis la naissance de la grande distribution – grosso modo, les années soixante –, les distributeurs (Carrefour, Auchan, Leclerc, U, Casino…) se font une concurrence farouche. Et pour obtenir des prix toujours plus bas de la part de leurs fournisseurs, ils ont mis en place un système de négociations commerciales qui fait que ces derniers – les marques, les fabricants, et, en amont de la chaîne, les agriculteurs – sont sans cesse tenus de *faire des efforts*. Cela se déroule lors du marathon des négociations commerciales annuelles, chaque mois de février. Les distributeurs reçoivent les représentants des entreprises dans des salles de réunion qui tiennent surtout de la boîte à chaussures. On les surnomme d'ailleurs les « box ». L'ambiance y est fraîche. Selon l'ANIA (l'Association Nationale des Industries Alimentaires ; elle rassemble aussi bien des PME que les grands groupes de l'alimentaire en France), qui publie chaque année son *Observatoire des négociations commerciales*, c'est carrément un climat de peur qui règne dans les box. Son dernier rapport, en février 2019, fait état de « pressions, chantages, menaces de sorties des rayons si telle ou telle marque n'accepte pas les conditions imposées ». Pire : « 96 % des entreprises sondées estiment que la situation avec la grande distribution n'est pas meilleure, et qu'elle s'est même dégradée, par rapport à l'an passé. Acheter au prix le plus bas reste le seul leitmotiv des distributeurs, quelle que soit la qualité du produit, quelles que soient les démarches engagées vis-à-vis des fournisseurs agricoles, quel que soit le coût des matières premières[1]. »

Le président de LSDH, Emmanuel Vasseneix, résume ainsi ce climat délétère : « Tant qu'on sera dans une politique de guerre des prix, on s'autodétruira. » Et malgré l'existence de cadres législatifs pour encadrer ces négociations commerciales de chiffonniers, il existe des astuces pour contourner la loi. Cela s'appelle les « marges arrière », et ça désigne l'ensemble des remises, ristournes ou prestations de service, que les marques payent aux distributeurs pour aider à la vente de leurs produits… En somme : une animation dans un grand magasin ? Payant. Un bon positionnement par rapport aux autres marques ? Payant. Une mise en place à hauteur d'yeux (les produits qui se vendent le mieux) ? Payant…

Comment se débrouille C'est Qui Le Patron ?! au milieu d'une telle jungle ? La réponse de Laurent Chabanne, le grand frère, fuse : « Eh bien, non seulement on demande aux distributeurs de bien travailler, mais en plus on ne les paye pas. Normalement, tout se paye. Nous, on refuse ça. On ne fait jamais de ristourne, ni de rabais, aucun financement de mise en avant, ni de coopération commerciale. Rien ! »

---

1 Cité par le magazine du Commerce et de la Consommation LSA, 13 février 2019.

À croire que l'honnêteté vaut toutes les stratégies puisque, dès le mois de décembre 2016, les distributeurs se bousculent pour vendre la brique bleue. Les coups de fil s'enchaînent sur le portable de Nicolas Chabanne. De son côté, le groupe Carrefour comprend qu'il ne peut pas garder l'exclusivité. Il faut partager. En février 2017, Chabanne convainc même la direction de Carrefour de publier une pleine page de publicité dans la presse régionale, afin de souhaiter la bienvenue à ceux qui, à leur tour, vont distribuer le lait… En mars 2017, Intermarché, Auchan et Cora ouvrent leurs rayons à C'est Qui Le Patron ?! Puis, en juin, Casino et Monoprix. Pour Leclerc et Système U, ça prendra plus de temps.

Les mois passent et C'est Qui Le Patron ?! grandit. Les ventes dépassent les prévisions les plus optimistes. Un an après son lancement, en novembre 2017, « la brique de lait bleue est le produit issu d'une nouvelle marque le plus vendu de l'histoire, avec 33 millions d'unités », affirme Nicolas Chabanne. Mieux : selon une analyse de l'Institut Nielsen, la brique C'est Qui Le Patron ?!, bien qu'elle ne pèse que 2,3 % du marché du lait vendu en France, bénéficie d'un taux de recrutement[1] supérieur à 45 %, et

1 Le « taux de recrutement » est la capacité à attirer des nouveaux consommateurs. Pour un nouveau produit, ce taux avoisine plutôt les 5 %, en général.

d'un taux de réachat[1] de 36 %. « C'est énorme dans l'agro-alimentaire ! se réjouit Nicolas Chabanne. Concrètement, ça signifie que plus d'un tiers des consommateurs qui ont goûté notre lait renouvellent leur achat. Même pour les produits qui cartonnent, le taux de réachat dépasse rarement 20 %. »

1 En 2018, le taux de réachat du lait C'est Qui Le Patron ?! atteindra 47 %.

Les oiseaux et la flèche

Trente-trois millions de briques en un an ! Et dire que, le 6 septembre 2016 à Pont-de-Vaux, ils n'étaient pas convaincus, les distributeurs, les industriels, ni même Martial et ses collègues, d'arriver à en vendre 7 millions...

Mais alors, Nicolas Chabanne, pourquoi C'est Qui Le Patron ?! a-t-il un tel succès ? « Je pense souvent à ce phénomène incroyable que m'avait fait remarquer mon père. À ces oiseaux, les étourneaux, qui vont par milliers au crépuscule, et qui dessinent de magnifiques nuées dans le ciel quand ils changent de direction. On appelle ça la *murmuration*. Des milliers d'oiseaux sans aucun leader et qui volent mieux que la patrouille de France ! Il n'y a pas de chef, seulement une forme d'intelligence collective supérieure, qui prend le pouvoir. C'est sublime… D'une certaine façon, on a fait pareil ! »

Pour le dire autrement, Chabanne, l'adepte des métaphores, a cette explication : « J'ai eu la sensation qu'on tirait des flèches depuis un moment, toujours de la même manière, sauf que d'un coup le décor a bougé, et la cible s'est retrouvée en face de notre flèche. On n'a rien changé, nos valeurs sont restées les mêmes, mais c'est le monde, en bougeant, qui s'est aligné sur nos valeurs et nos attentes. Voilà la différence avec le marketing du vieux monde : eux, ils tirent des milliers de flèches en espérant qu'il y en ait certaines qui trouvent une cible. »

Sans passer par la beauté métaphorique des oiseaux et de la flèche, Laurent Pasquier est très fier d'une chose. Une chose qu'a prouvée cette brique de lait : nous, les consommateurs, ne sommes pas des idiots ! « Je ne sais combien de fois j'ai entendu, dans la bouche des professionnels de l'agroalimentaire ou de la grande distribution, qu'une initiative basée sur les consommateurs, ça ne marcherait pas. Parce que, selon eux, le conso ne sait pas ce qu'il veut, il est schizo, on ne peut pas lui faire confiance, il dit un truc sur Internet et fait l'inverse en rayon... Avoir démontré que cela fonctionnait est une révolution dans la profession. »

En ce premier semestre 2017, le temps file à la vitesse de l'éclair pour Nicolas et Laurent. Des passages télé qui s'enchaînent, des rendez-vous incessants, des nouvelles idées, de plus en plus d'enseignes distribuant le lait, d'autres produits qui s'élaborent (voir chapitre 8), des coups de fil de patrons de grandes marques – ils veulent tous rencontrer Nicolas et Laurent, ces deux olibrius qui révolutionnent un paysage en crise. Ces derniers ont beau porter quinze projets à la minute et être complètement débordés, ils comprennent qu'il est peut-être temps de faire grandir C'est Qui Le Patron ?!

Premières arrivées

C'est à ce moment qu'entre en scène Nathalie Roskwas-Mouton. Son histoire vaut le détour, parce qu'elle symbolise à merveille la rupture avec un monde ancien, rupture que l'on retrouve à plus ou moins grande échelle chez ceux qui adhèrent aux valeurs de C'est Qui Le Patron ?! ; et parce qu'elle illustre aussi en grande partie ce qui a fait le succès de la marque : la quête de sens.

Fille d'un père artisan et d'une mère militaire, Nathalie est diplômée de l'école de commerce EM Lyon Business School, spécialisation finances. Brillante, elle a eu de beaux postes chez BNP, Deloitte et Neopost, ce qui lui a fait gagner « beaucoup d'argent ». Mais au fil des années, elle se demande : « Quel est le sens de tout ça ? » À l'automne 2016, à l'âge de 30 ans à peine, elle négocie une rupture conventionnelle avec son entreprise et entame un coaching pour savoir où ses compétences pourraient *vraiment* servir. L'une des pistes est le social, l'autre l'agriculture. « Mais je ne me voyais pas non plus reprendre une ferme, même si ma famille vient de petits villages près de Valence », et qu'elle a des grands-parents fermiers.

Elle en est là, à se demander quoi faire de sa vie, quand, un week-end du printemps 2017, « affalée » sur son canapé, elle tombe sur l'émission *Tout Compte Fait*, sur France 2, consacrée à C'est Qui Le Patron ?! « Une révélation ! raconte-t-elle. Il y a donc des boîtes qui aident les agriculteurs en difficulté ! Je me dis qu'il faut que je contacte Nicolas Chabanne. Mon mari, qui travaille chez BlaBlaCar, me conseille de lui envoyer un mot via LinkedIn. Je n'y crois pas une seule seconde, mais dès le lendemain Nicolas me répond. On se voit, on discute, et il me rappelle peu après en disant : *OK, si cela t'intéresse, on travaille ensemble !* Mon mari, mon frère, ma famille, tous étaient incrédules ! Mais j'y suis allée. J'ai commencé en juillet 2017. C'était le projet, plus que le poste que j'allais obtenir, qui m'a motivé. »

Elle se voit aussi bien faire le café que l'analyse financière… Ça tombe bien, à ce moment-là, il n'y a personne dans le bureau que louent Nicolas et Laurent dans une pépinière d'entreprises, à Paris. Personne… et rien. Juste un bureau. « Soit l'exact opposé des boîtes que j'ai connues avant, où un ordinateur et des dossiers bien classés m'attendaient, dit-elle en riant. J'étais prête à travailler bénévolement, mais Nicolas et Laurent ont refusé. Ils m'ont proposé un CDD de six mois, qui, trois mois plus tard, s'est transformé en CDI. »

Au fil du temps, le poste de Nathalie évolue. Elle répond aux consos sur les réseaux sociaux, puis elle accompagne Nicolas Chabanne aux rendez-vous avec la grande distribution. « En réalité, dit-elle, mon vrai job, c'est de rendre opérationnelles les idées de Nicolas. Il se sert de moi comme d'un miroir à idées. Il aime avoir quelqu'un qui le challenge… car je ne lui dis pas tout le temps que ses intuitions sont géniales ! »

Une autre cheville ouvrière de la boîte, Elsa Satilmis, a un parcours (presque) similaire. Même génération que Nathalie, diplômée en marketing et communication de l'école de commerce ESDES, également à Lyon, elle enchaîne les stages chez Danone ou Kraft Foods. « J'ai toujours aimé l'agroalimentaire et la grande distribution, dit-elle. Et comme je suis aussi la seule à être issue de ce monde-là, je fais un peu figure d'ovni dans la bande C'est Qui Le Patron ?! » Après un premier CDI pour une marque de jus bio dans la région Rhône-Alpes, elle monte à Paris pour un autre CDI : s'occuper du marketing au sein d'une entreprise spécialisée en « snackings natures et gourmands ». La marque semble s'appuyer sur des thématiques fortes et engagées. Sauf que, au bout de trois ans, Elsa déchante. Les belles promesses ne sont pas au rendez-vous.

« Mon père est ouvrier, et l'agroalimentaire est un univers bien loin de notre monde. C'est justement pour cela qu'on est sensible aux valeurs dans notre famille – ou à l'absence de valeurs. Quand ma mère me dit : *Je n'achèterai jamais ces pâtes de fruits à 5 euros que vend ta boîte, car ça n'a pas de sens*, eh bien, je commence à comprendre… De surcroît, dans cette boîte soi-disant exemplaire, c'était chaud, en termes de transparence ! »

Lors d'une réunion pour le lancement d'une édition limitée d'un produit, c'est la rupture : « On avait le choix entre deux modes d'impression pour le packaging ; le premier, un peu plus cher, permettait d'en imprimer le nombre exact. Le second, plus économique, nous obligeait à imprimer beaucoup plus que nécessaire. Mes chefs ont choisi la seconde option. Je leur ai lancé que c'était absurde, qu'on allait devoir en jeter plus de 50 000 ! Ils s'en fichaient. Tant de cynisme, ça a été un électrochoc. »

Quelques mois plus tard, après un mail envoyé à C'est Qui Le Patron ?!, Elsa rencontre Nicolas Chabanne. « Mon impression initiale ? J'étais sur mes gardes. Je trouvais ce mec un peu timbré, trop perché… Nicolas, il t'emporte dans sa vision de la boîte, il te questionne mais surtout il veut savoir si tu as des valeurs ! Là, je me suis dit qu'il y avait forcément un loup. Je me souviens lui avoir balancé cette phrase un peu par provoc'. Il m'a répondu qu'il ne comprenait pas comment à mon âge, on pouvait réfléchir ainsi ! Intriguée et séduite, je suis entrée dans la boîte en février 2018, en CDI. »

Depuis, sa mission est de faire en sorte que les produits C'est Qui Le Patron ?! soient disponibles au plus grand nombre. « J'ai un lien direct avec la grande distribution. Je les appelle, je les relance, pour que chaque produit soit référencé chez eux ! Et je fais aussi le lien avec les producteurs. On n'a pas de force de vente, mais on a les consos et les producteurs ! Dès qu'ils ont du temps, ces derniers vont dans les magasins parler aux chefs de rayons. Je dois parfois gérer leur frustration quand ils ne voient pas leurs produits. Je leur explique que ce n'est pas à cause du patron du magasin, mais de la centrale d'achat du groupe, qui ne les a pas encore référencés ; ce sont le plus souvent des mécanismes qu'ils ne connaissent pas du tout. Mais il y a de magnifiques moments. Par exemple, j'ai fait la tournée de quelques commerces à Paris avec des producteurs. Ils étaient intimidés, mais ouverts. Il y a eu des super discussions entre les patrons des magasins, les clients et eux. C'est pour tout ça que je voulais participer à ce projet : afin de redonner du sens, et participer à un meilleur partage des valeurs. »

Au début de l'année 2019, C'est Qui Le Patron ?! fait travailler quatorze personnes ; sept en CDI, deux en CDD, deux stagiaires, ainsi que ses trois fondateurs.

CHAPITRE 6

Le récit des consos, ou comment lutter contre la fin du monde, et pour de meilleures fins de mois

Ce sont eux qui ont fait le succès de la brique de lait, puis du beurre, du miel, du jus de pomme… Eux, les « consom'acteurs ». Ils ont découvert les produits, les ont aimés, défendus. Ils ont relayé l'information sur les réseaux sociaux, convaincu les sceptiques, mis la pression sur les responsables des magasins qui ne vendaient pas encore C'est Qui Le Patron ?! Ils n'ont pas hésité à refaire le *facing* pour mettre en avant leurs produits préférés (le « facing » est l'organisation des produits dans les rayons, qui obéit à des règles de marketing précises et souvent payantes). Fier de cet enthousiasme et de cet engagement, Nicolas Chabanne confie, amusé : « Voir des consommateurs s'impliquer autant, au point de réarranger les rayons, cela a tellement marqué les distributeurs qu'ils en ont fait des sujets de réunions, et de séminaires ! »

Avec les consos, l'interactivité prime : c'est le cœur du projet C'est Qui Le Patron ?! et ça commence dès l'élaboration des produits. Si les adhérents participent volontiers (après avoir rempli le formulaire d'inscription sur le site, et versé un euro d'adhésion), les non-adhérents aussi ! Tout internaute peut répondre aux questionnaires des cahiers des charges. Est-ce pour cela qu'il y a des différences de participation, certains produits étant plus plébiscités que d'autres ? Ainsi, 2 795 personnes seulement se sont exprimées pour le vin, contre 20 616 pour la pizza (néanmoins, ces écarts ne présagent en rien du succès ou de l'échec d'un produit).

Une fois les produits mis en vente, l'interactivité continue. Comment ? Via l'application C'est Qui Le Patron ?! disponible gratuitement sur l'App Store et Google Play. Par l'appli, grâce à la géolocalisation, les consommateurs savent quels sont les produits référencés autour d'eux, dans quelle grande surface ou supérette. Le cas échéant, ils peuvent interpeller par mail, Twitter ou Facebook, le responsable de telle enseigne pour y réclamer tel produit. À l'inverse, les consos peuvent aussi signaler la présence de « leurs » lait, œufs ou chocolat, et leur belle mise en place, valorisant ainsi les magasins qui jouent le jeu. Une sorte de cercle vertueux gagnant-gagnant, entièrement participatif, bénévole et redoutablement efficace se crée. Sur les réseaux sociaux, les hashtags #SoutienAuxProducteurs et #LePatronCestLeConso fleurissent…

Car les consommateurs sont très nombreux. Huit mille si l'on ne compte que les sociétaires, des millions en incluant ceux qui achètent très régulièrement la marque. Ce sont eux qui font vivre C'est Qui Le Patron ?! dans toute la France.

Ils sont de tous âges et toutes classes sociales. Ils habitent à Lyon, en Seine-Saint-Denis, en Ardèche, dans les Bouches-du-Rhône, en Saône-et-Loire… Ce sont des hommes et des femmes, jeunes et moins jeunes, actifs ou retraités. Ils sont intérimaire, consultant, contrôleur de gestion, caméraman, employé des ressources humaines, technicien qualité, etc.

Voici quelques-unes de leurs meilleures anecdotes, une vingtaine de témoignages parmi tant d'autres.

« Quelles sont mes actions de consommateur et sociétaire ? J'achète les produits C'est Qui Le Patron ?! le plus souvent possible, bien sûr ! Et je les mets ou remets bien en évidence dans tous les rayons où je passe ! J'offre volontiers une brique de lait, de jus de pomme ou une plaque de chocolat quand je suis invité chez des amis… Je fais connaître C'est Qui Le Patron ?! au maximum, de façon généreuse, non agressive, et qui pourrait demain se décliner plus amplement : favoriser les produits des entreprises qui sont socialement, écologiquement et fiscalement responsables, par exemple. »

Olivier Banon

« J'ai connu la démarche par la brique de lait. Et le lait, pour moi, ce sont les souvenirs, les alpages, les cloches, le pot porté à la coopérative, et la crème ! Devenir sociétaire était la suite logique de l'histoire. Que cette énergie se diffuse et redonne le sourire à ceux qui l'ont perdu ! J'ai pu participer à une visite chez un producteur… Je repense souvent à cette journée, où des gens passionnés par leur métier n'ont pas hésité à nous ouvrir leurs portes, à partager avec nous quelques heures de leur quotidien, afin de nous montrer ce que notre démarche peut changer dans une exploitation. C'est donc ça, l'effet papillon ! »

Séverine Bazoge

« Je trouve l'initiative formidable, car il n'est pas normal, en France, que les personnes qui exercent le métier noble et essentiel de nous nourrir, ne puissent vivre dignement de leur travail. Au-delà de la production de produits de qualité, j'aime cette volonté de faire un pied de nez (pour rester poli) à la grande distribution, en donnant le pouvoir aux consommateurs. Je suis devenu sociétaire, ma femme aussi, et nous parlons de C'est Qui Le Patron ?! autour de nous. J'ai également harcelé tous les magasins… Mais c'est compliqué car certaines enseignes, comme Casino ou Lidl, ne jouent pas du tout le jeu. C'est l'objet de la lutte : faire en sorte qu'un maximum de produits soient disponibles dans un grand nombre de lieux. Notre collectif fera notre force, il ne faut pas lâcher, continuer de communiquer, se faire connaître, interpeller les magasins ! »

Benjamin Benoit

« Avec C'est Qui Le Patron ?!, j'ai réalisé que je pouvais peser sur les enseignes sans être agressif. Je n'aime pas la violence. En revanche, il y a dans ce nom comme un avertissement, une douce menace, qui prévient tous les acteurs de l'alimentaire que : *Maintenant, on ne rigole plus. Ça ne compte plus pour du beurre !* »

Marc Brafman

« Je connais bien le monde agricole, et je travaille tous les jours auprès d'agriculteurs. Depuis que j'ai débuté dans mon métier, il y a six ans, je suis extrêmement choquée par les rémunérations de nos agriculteurs. Ils sont à la base de notre société mais n'ont pas assez d'argent à la fin du mois pour remplir leurs assiettes ! Dès que j'ai entendu parler de C'est Qui Le Patron ?!, j'ai été emballée. J'ai converti toute la maison à ces produits (ils n'ont pas eu le choix, c'est moi qui fait les courses !), j'en parle à ma famille, mes amis et mes collègues. J'espère que cette démarche a une longue vie devant elle ! »

Marion Bouviala

« C'est avec enthousiasme que nous avons rejoint, dès son lancement, C'est Qui Le Patron ?! Nous collaborons aux enquêtes, nous achetons les produits pour favoriser une juste rémunération des producteurs. Nous souhaiterions désormais que le mouvement prenne mieux en compte le bio et le bien-être animal. »

Roland et Gilberte Comte

« Comme beaucoup de gens, j'ai longtemps cherché les bas prix dans les supermarchés. Pour moi, les courses doivent être simples et rapides, je ne voulais pas m'arrêter pour détailler les étiquettes. De plus, avec quatre enfants à la maison, le budget alimentation peut vite déraper ! Mais une petite musique revenait de plus en plus à mes oreilles : on parlait d'agriculteurs en grande souffrance, de malbouffe, de souffrance animale, de pesticides, d'additifs nocifs… Je suis longtemps resté sourd à ces alertes : était-ce à moi de changer le monde ? Il faut bien mourir de quelque chose ! On ne peut pas être de tous les combats ! Et puis, un jour, j'ai décidé de faire un petit pas vers un monde plus juste. J'ai décidé d'acheter uniquement des œufs de poules élevées en plein air. Cela ne demandait pas d'effort particulier, et la législation avait rendu les choses claires avec la classification des œufs. Quelques mois plus tard, fin 2017, j'ai entendu parler du lait C'est Qui Le Patron ?! Voilà une marque qui redonne du sens à ce que nous mangeons ! Depuis, j'achète exclusivement certains produits ; d'autres, qui sont un peu trop chers pour mon budget familial, restent une gourmandise occasionnelle. Et les courses deviennent plus ludiques, puisqu'elles se transforment en un jeu de piste géant pour dénicher C'est Qui Le Patron ?! dans les supermarchés ! »

Boris Dechesne

« Depuis que je connais C'est Qui Le Patron ?!, j'en parle à tous mes amis. J'ai même changé d'enseigne, car Leclerc ne les distribue que très peu ! J'organise même des minidégustations avec mes collègues qui adhèrent aussitôt... Je ne suis pas écologiste, mais il faudrait que nous soyons tous éco-responsables ! »

Carine Dumesnil

« Une armée de fourmis peut triompher d'un serpent venimeux ! Pour moi, C'est Qui Le Patron ?! joue un vrai rôle politique dans notre société. Inspiré de la démocratie dans ce qu'elle a de plus noble ! Dès le remplissage de mon bon d'adhésion, je me suis senti investi d'un certain pouvoir, dans une grande famille qui a son mot à dire. Je suis heureux d'avoir converti ma compagne, qui est devenue une inconditionnelle du chocolat C'est Qui Le Patron ?! Moi, j'ai un faible pour l'excellent jus de pomme. La pizza nous a réconcilié avec les produits transformés. Quant au lait – dont notre consommation a doublé –, il me sert à préparer mes yaourts maison. Outre le fait d'acheter systématiquement des produits

C'est Qui Le Patron ?! quand ils sont disponibles près de chez moi, je signale leur présence dans l'application C'est Qui Le Patron ?! C'est devenu un réflexe, comme un acte de militantisme. Smartphone à la main, je n'hésite plus à interpeller les enseignes sur les réseaux sociaux. Et à envoyer des mails aux responsables de magasins. J'ai besoin de me faire entendre. Il est absolument vital, pour moi, d'alerter l'opinion publique sur le paradoxe suivant : la grande difficulté qu'éprouve le Bourguignon que je suis, pourtant entouré de champs, à faire vivre mes voisins agriculteurs en achetant leurs produits de qualité à juste prix. Que nos enfants ne soient plus consommateurs, mais consom'acteurs ! »

Dimitri Badey

« Une vidéo sur LinkedIn de Nicolas Chabanne a piqué ma curiosité ; j'ai décidé de m'investir dans l'aventure à mon niveau, en achetant régulièrement beurre, chocolat, miel, œufs... Et, surtout, je ne loupe pas une occasion pour en discuter, et faire découvrir la marque autour de moi ! »

Lahou El Arguioui

« J'ai découvert C'est Qui Le Patron ? par les réseaux sociaux dès les premières briques de lait. D'abord intriguée puis intéressée, j'ai été convaincue par trois choses : le goût (du jus de pomme et des compotes) ; la simplicité ambitieuse (changer les choses *pour de vrai* avec des améliorations sur un marché de masse, plutôt que de chercher des produits parfaits... mais limités à une niche pour bobos) ; et paradoxalement, le fait que des gros acteurs se soient impliqués : Carrefour, Monoprix… À ma mesure, je cherche à être l'une de leurs porte-voix sur les réseaux sociaux. Une anecdote ? Mon chef, convaincu par mon enthousiasme, me demandant si on pourrait lancer un produit d'assurance C'est Qui Le Patron ?! »

Anne-Claire Durand

« J'ai découvert les produits par l'émission *La Quotidienne* sur France 5, et j'ai voté régulièrement pour leur élaboration. Je les trouvais dans un grand Carrefour proche de chez moi, mais pas dans l'Intermarché de mon village. J'ai fait deux demandes sans succès via l'application C'est Qui Le Patron ?!, jusqu'au jour où j'ai croisé le directeur du magasin. Je l'ai interpellé, et il m'a promis de faire rentrer du lait. Il a tenu parole et quand je l'ai revu, je lui ai dit que c'était gagnant pour tout le monde, puisque sur l'application, j'avais signalé la présence des produits ! En résumé, rien ne vaut le contact direct ! »

Françoise Dutouquet

« Cela fait bientôt vingt ans que je scrute les ingrédients des différents produits que je consomme, et là, en décembre 2017, je tombe sur une pizza avec un emballage atypique, mais surtout avec de bons ingrédients et pas de conservateurs, ni d'additifs ! Du coup, on ne mange plus que cette pizza. La magie de Noël a opéré ! »

Guillaume Hervé

« En ces temps de crise, C'est Qui Le Patron ?! est un programme politique à lui tout seul : redonner la parole et le pouvoir aux consommateurs. Le plus étonnant : ça marche ! Des produits sains, simples et rémunérateurs dans un circuit transparent. C'est un cercle vertueux qui me redonne de l'espoir dans cette société. À l'heure d'un certain Grand Débat, il serait bon que beaucoup s'en inspirent. »

Matthieu Joly

« Coucou les copains ! Nous aimons cette démarche parce qu'elle porte une idée et des valeurs de solidarité, d'entraide et de bon sens. Non seulement les produits sont bons, rémunèrent au juste prix les producteurs, mais en plus cela s'adresse à toutes les bourses. Ce n'est pas un truc bobo. Des compotes équitables à 0,68 €, des œufs à 1,91 €, une salade à 1,75 €, c'est vraiment accessible à tous ! Et nous avons vraiment le sentiment de reprendre le pouvoir sur nos vies… Et qu'est-ce que ça fait du bien ! »

Jean-Baptiste Jouhanneau

« J'habite à Paris depuis bientôt trois ans. Comme tous les Parisiens, je fais mes courses au plus proche, et quand je le peux, sur les marchés de quartier. Étant végétarienne, je fais très attention à mon alimentation et à la provenance de ce que j'achète : bio, circuit court, et qui respecte l'environnement et les producteurs. Je suis bien évidemment opposée aux méthodes de production industrielle intensive, tournées vers le profit de ceux qui n'en ont pas besoin. Malheureusement, je fais mes courses la plupart du temps chez Franprix, car il est au bout de ma rue. Et que dire ? Ils n'ont aucun produit C'est Qui Le Patron ?! Alors que je leur écris plusieurs fois par mois sur Twitter, par mail… et je ne dois pas être la seule ! Je suis certaine que c'est en insistant que nous arriverons à faire changer les industriels et la grande distribution ! »

Astrid Linglet

« Je suis originaire de la campagne, dans la Sarthe. Avec mes enfants, nous allions acheter du lait à la ferme d'un cousin. Il me racontait ses difficultés à boucler les fins de mois, et il a fini par mettre la clé sous la porte, il est devenu salarié pour rembourser ses dettes. Sa femme est inquiète, il a des idées très noires. À 50 ans comment ne pas le vivre comme un échec ! Aussi, quand j'ai entendu parler de C'est Qui Le Patron ?!, ma première réaction a été de me dire que c'était trop tard pour mon cousin, mais pas pour d'autres. Depuis, j'achète le lait, la pizza, le jus de pomme, le beurre doux et le beurre salé. Ça me fait du bien. J'en parle autour de moi, et la semaine dernière, j'ai même fait la promo du jus de pomme chez Carrefour, à une dame indécise qui ne connaissait pas encore la marque. Mes enfants sont embrigadés aussi ! Bref, moi qui me sentais impuissante, vous m'avez donné le pouvoir d'agir, et ça c'est énorme ! Alors je continue, j'achète en circuit court, en agriculture raisonnée… »

Bénédicte Vital

« Lorsque je fais mes courses, je prends des photos de mes achats, je réarrange les linéaires dans les supermarchés pour mettre en avant les produits C'est Qui Le Patron ?! et je partage ensuite les images sur Facebook et Twitter. »

Philippe Pubellier

« J'ai connu la marque au tout début puisque j'ai participé au vote de la charte pour la brique de lait. Depuis maintenant deux ans, je n'achète que du lait C'est Qui Le Patron ?! et les autres produits aussi, dès que je les trouve. Au quotidien, je parle de la marque à mes collègues, à mes amis. J'essaie de leur expliquer que c'est notre comportement de consommateur qui fera changer les mentalités des distributeurs et des producteurs. Quand on a compris qu'on pouvait avoir ce pouvoir-là, l'effort à produire est ridicule. Et en fournissant ce tout petit effort individuel, nous arrivons à faire de grandes choses collectivement. »

Laure Czinober

« J'ai une image forte en mémoire, une journée chez des producteurs des œufs C'est Qui Le Patron ?! Nous avons partagé la même table le temps d'un déjeuner, avec un éleveur, un directeur d'usine de conditionnement, et plusieurs consommateurs ayant répondu à l'appel. Ne manquait qu'un distributeur pour avoir la quasi-totalité des acteurs de la chaîne alimentaire, et jamais je ne me suis senti aussi proche de tous ceux qui travaillent pour rendre notre alimentation plus participative, en toute transparence. Des journées pareilles encouragent à s'impliquer… Même si ce n'est pas grand-chose à côté du combat que mènent les agriculteurs pour vivre, ou survivre, je suis convaincu que l'effet de masse peut nous redonner le pouvoir de mieux consommer, tout en rémunérant les producteurs au juste prix. »

Clément Verplaetse

« Moi qui déteste le marketing, me voilà devenu le vaillant VRP de C'est Qui Le Patron ?! J'arpente les allées des supers et hypers, recherchant fébrilement cette bouille rigolote qui se planque dans les linéaires et se moque des paquets voisins. Et gare aux manquants : je rappelle à l'ordre l'enseigne via l'application dédiée... et les produits reviennent ! C'est bon d'avoir du pouvoir ! Quand c'est un peu le foutoir, je remets de l'ordre sous le regard médusé des chefs de rayons (va falloir vous y faire, les gars !). Pas question que nos produits soient mal rangés, nos producteurs doivent être mis à l'honneur. Ma récompense n'est pas financière, elle est humaine. Tout le monde a oublié, sauf Nicolas Chabanne, qu'investir dans l'humain, c'est obtenir le plus fantastique des rendements. »

Pierre Christ

CHAPITRE 7

Mais qui fait quoi, en fait ? Ou comment est organisée l'entreprise C'est Qui Le Patron ?!

Au-delà du discours passionné de Nicolas Chabanne, au-delà des produits élaborés par Laurent Pasquier, au-delà de l'engouement des sociétaires, au-delà de l'aventure presque hollywoodienne de Martial Darbon et de ses amis éleveurs, C'est Qui Le Patron ?! est aussi une entreprise. Pour comprendre comment elle fonctionne de l'intérieur, il faut discuter avec Laurent, le frère de Nicolas, et l'aîné de la fratrie des quatre enfants Chabanne (trois garçons et une fille).

Laurent Chabanne a fait une longue carrière à la Seita comme ingénieur, puis directeur d'usines au Maroc, en Asie et en Afrique (sans jamais avoir fumé !). « J'ai toujours été passionné par les différentes cultures, par les gens, dit-il. Et je me suis constamment demandé comment faire pour que mes équipes se sentent bien, et travaillent mieux. » En 2012, de retour en France, il crée avec sa compagne un cabinet de consulting. Son but : accompagner les entreprises dans leurs mutations, les aider à valoriser leurs employés. Pendant toutes ces années, Laurent s'intéresse de près, bien sûr, aux initiatives de son cadet : Le Petit Producteur, Les Gueules Cassées.

« Et d'un coup, se remémore Laurent, Nicolas a eu cette idée d'une marque de consommateurs. Il a toujours eu des idées, mais cette fois-ci, dans la famille, on l'a poussé à fond, afin qu'il aille au bout de son projet... »

Laurent Chabanne est l'exact opposé de son frère. Calme, précis, d'une grande rigueur morale, presque austère, quoique cordial, quand le « petit » est débordant, parfois brouillon, volontiers rigolard, prêt à toutes les envolées lyriques s'il s'agit de convaincre un distributeur !

« Nicolas est un visionnaire extraordinaire, mais il a besoin de gens comme Pasquier et moi pour visser tout ça. » Tous les trois dirigent C'est Qui Le Patron ?!, et forment un trio aussi dissemblable que complémentaire ; à Nicolas la visibilité médiatique, les idées et les contacts ; à Laurent Pasquier les négociations avec les fabricants des produits C'est Qui Le Patron ?!, leur suivi et les contrats ; à Laurent Chabanne les statuts de l'entreprise, sa ligne éthique et son expansion à l'international. Dans ce drôle de trio, chacun s'exprime parfois sans prendre de gants, chacun connaît la mécanique humaine et professionnelle de l'autre, mais tous ont le même but : aider les producteurs, vivre une aventure passionnante, et surtout, « changer les choses » !

Y a-t-il des philosophes, des activistes, qui les ont inspirés ? « Aucun ! », disent-ils. Après quelques secondes,

Nicolas Chabanne s'interroge : « Peut-être qu'on a un trait familial à creuser, Laurent et moi ? L'envie de faire des trucs bien… » Laurent Pasquier ajoute : « N'importe qui pourrait écouter chaque échange qu'on a dans nos vies professionnelles, car rien n'est tordu ni caché, c'est vital pour nous. »

Justement : à la question *Comment est organisé C'est Qui Le Patron ?!*, ils tiennent à répondre dans le détail. « On met un point d'honneur à être transparents avec les sociétaires, et avec tous les gens qui achètent nos produits. » Ils ont la hantise qu'on puisse croire qu'ils se mettent de l'argent plein les poches. « On veut avoir la gestion la plus vertueuse qui soit, dit Nicolas Chabanne. Réinvestir nos bénéfices dans le projet, ne pas distribuer de dividendes. Mais souvent, quand j'explique ça à des journalistes, ils n'y croient pas. Si vous êtes dans une structure économique qui ne fait pas de l'argent de manière traditionnelle, et dont les dirigeants ne rêvent pas d'en faire nuit et jour, ça intrigue bien plus vos interlocuteurs que si vous pilotiez une structure normale. »

Dans le détail de la galaxie

Le statut juridique de C'est Qui Le Patron ?! est une SAS. « On établit un contrat de licence avec des partenaires extérieurs qui élaborent nos produits, des producteurs et des industriels, en échange du respect du cahier des charges voté par les consommateurs, explique Laurent Chabanne. À partir de là, 5 % du prix de chaque produit revient à la SAS, ce qui fait vivre notre galaxie. »

Dans la galaxie, il y a la Société des Consommateurs, dont le statut est une coopérative. Elle est formée de quatre collèges. Celui des fondateurs (Nicolas Chabanne, Laurent Chabanne et Laurent Pasquier), avec 30 % des voix. Celui des salariés de C'est Qui Le Patron ?! (30 % également). Celui des quelque huit mille sociétaires-consommateurs, qui détiennent aussi 30 % des voix. Et enfin celui des partenaires (dont la laiterie LSDH, avec 10 % des voix).

La galaxie comprend aussi la Maison des Marques, une SAS qui a pour actionnaires les deux Laurent et Nicolas. Cette dernière développe les initiatives de C'est Qui Le Patron ?! à l'international et va bientôt actualiser mesGoûts.fr, pour que le site puisse accompagner l'évolution de C'est Qui Le Patron ?! Pour Nicolas Chabanne, la Maison des Marques est aussi une sorte de fondation, destinée à encourager l'agroécologie, l'antigaspi, et à financer des projets.

Entre octobre 2016 et fin 2018, C'est Qui Le Patron ?! a vendu plus de 120 millions de produits. En 2018, le chiffre d'affaires a été, très précisément, de 3 463 718 euros. Et les bénéfice de 927 993 euros. Pour en finir avec les chiffres, Laurent Chabanne précise que cette même année, C'est Qui Le Patron ?! a payé 414 934 euros d'impôts. « Nous avons une gestion de bon père de famille », dit-il, concédant que l'expression est vieillotte mais qu'il n'en trouve pas d'autre, « c'est-à-dire aucune dette, zéro emprunt... On ne veut pas commettre d'erreurs ! ».

Mais que font-ils des bénéfices générés par les 5 % qui leur reviennent sur chaque produit vendu ? « On répartit l'argent entre les trois entités de notre galaxie, explique Laurent Chabanne. Ainsi, 30 % va à la coopérative de la Société des Consommateurs, afin d'animer le site Internet et d'organiser les visites des sociétaires chez les producteurs ; 30 % vont à la Maison des Marques pour l'international, notamment, et 40 % restent dans les caisses de C'est Qui Le Patron ?! » Pourquoi une telle répartition ? Parce qu'ils ont voulu constituer une sorte de « trésor de guerre » dans l'entité C'est Qui Le Patron ?!, afin de garantir la solidité financière et surtout l'indépendance de l'ensemble. En effet, de par son statut, une coopérative est fragile. « Si mille personnes avaient adhéré d'un coup, téléguidées par on ne sait qui, ils auraient pu prendre le pouvoir, explique Laurent Chabanne. Avec la structure mise en place, c'est impossible. On a tout protégé. »

Cette volonté de transparence, outre qu'elle leur est vitale, s'inscrit en totale opposition avec le milieu qui est le leur. Pour preuve : les marges que se fait la grande distribution restent top secret. « En gros, ça représente entre 20 et 30 % d'un produit, mais on n'a pas le droit de le savoir, et même si on le savait, pas le droit de le dire ! » rappelle Laurent Chabanne. La loi l'interdit, afin d'éviter les ententes illicites entre grands groupes ; en effet, s'ils se mettaient tous d'accord, il n'y aurait plus de concurrence des prix pour le consommateur[1]. Sauf que, à l'arrivée, sous couvert de protéger le conso, c'est lui qui reste dans le flou sur les prix. « Voilà pourquoi, dit Laurent Chabanne, nous voulons faire l'inverse. Notre but, en dévoilant notre fonctionnement, c'est au contraire de rendre le conso plus averti. »

Au-delà des structures capitalistiques et entités juridiques, quelque chose de plus fort assure la bonne gouvernance de C'est Qui Le Patron ?! « Et cette chose, explique Emmanuel Vasseneix de LSDH, c'est la philosophie même de l'entreprise. Les fondateurs sont tellement engagés vis-à-vis des producteurs et des consommateurs, qu'ils ne peuvent pas dévier de leur route : le fonctionnement de C'est Qui Le Patron ?! s'autorégule naturellement de par sa transparence ! »

---

1 Les ententes illicites sont interdites entre industriels, aussi bien qu'entre distributeurs. En 2015, l'Autorité de la concurrence a par exemple condamné Yoplait, Lactalis et d'autres industriels des produits laitiers. Ce « cartel », comme il a été surnommé, avait conspiré de 2006 à 2012 pour imposer ses prix à la grande distribution.

CHAPITRE 8

Quelques autres produits, ou comment C'est Qui Le Patron ?! ne fait pas que du lait !

C'est la brique bleue qui a fait la notoriété de C'est Qui Le Patron ?!, c'est elle qui continue d'assurer une grande partie de son business : 75 % à la fin 2018. Pourtant, au fil des mois apparaissent : la pizza, le jus de pomme, le beurre bio, le chocolat, le beurre de baratte, la purée de pommes, les œufs, les fraises, la salade, le miel, le fromage blanc, la fourme du Forez, les pâtes, le steak haché surgelé, la farine, les saucisses, les sardines, le vin…

Reconnaissables à un design simplissime, à ce logo aux yeux écarquillés et au slogan toujours identique – « Ce produit rémunère au juste prix son producteur » –, 19 produits sont donc aujourd'hui disponibles dans plus de 12 300 magasins. Et à l'heure où ce livre paraît, plusieurs seront en cours d'élaboration, dont le poulet, le coulis de tomates, la baguette de pain, la crème fraîche et la confiture.

Ça fait beaucoup. Beaucoup plus que la norme du monde agroalimentaire, où toute sortie est soumise à des batteries de tests de consommateurs et de marketing. « On a sorti 19 références en deux ans, quand les grandes marques mettent autant de temps à en lancer une, rigole Nicolas Chabanne. C'est vrai que nous, on ne s'embarrasse pas avec les tests habituels, puisque *de facto* les consos décident de tout ! »

Comment est choisi, puis élaboré chacun de ces produits ? C'est un mélange de coup de cœur et d'opportunités. « Il y a les suggestions des consos, les sollicitations des partenaires… Et, bien sûr, nos idées et nos envies à nous », explique Laurent Pasquier. Quand un produit fait l'unanimité au sein de toute l'équipe, Laurent Pasquier se met en action. Il lui faut choisir un producteur et un partenaire industriel (en somme, les équivalents de Martial Darbon et de la laiterie LSDH). Ces futurs associés doivent cocher toutes les cases de l'exigence C'est Qui Le Patron ?!, à savoir : ingrédients les plus sains possibles ; juste rémunération ; production respectueuse de l'environnement. « Mais aussi, insiste Pasquier, ils doivent s'engager à un respect absolu du vote final des consommateurs. »

Au début, ce sont les producteurs et les fabricants qui les ont directement sollicités. Les sardines, par exemple, ont été lancées après que le président d'une conserverie bretonne a appelé Nicolas Chabanne, sur la recommandation d'Emmanuel Vasseneix, dont il est un ami.

Une fois acté le principe de cette collaboration tripartite, vient un moment décisif : l'élaboration du QCM destiné aux consommateurs. Laurent Pasquier affine chaque question avec ses deux partenaires, suivant deux principes immuables : les questions abordent toujours les sujets clés que sont la qualité supérieure des ingrédients, la juste rémunération et le respect de l'environnement. Et les réponses possibles doivent correspondre à l'éventail du marché – du *discount* au *premium.* « On me demande souvent, dit Pasquier, ce que nous ferions si les consommateurs optaient pour des produits moins qualitatifs. Ma réponse est de toujours faire confiance aux consos. Ils ont tous les éléments pour bien décider. » De fait, pourquoi se contrediraient-ils ? « Les valeurs de C'est Qui Le Patron ?! – la transparence, la bienveillance, l'éthique, l'environnement, la nutrition de qualité – ne sont-elles pas aussi des valeurs issues des votes ? », pointe Pasquier.

Aujourd'hui, s'il y a toujours autant d'appels de fabricants, émanant de toutes les filières de l'alimentaire, ce sont les consommateurs qui aident à faire le tri parmi les projets, via leurs enthousiasmes, commentaires et suggestions sur le site de C'est Qui Le Patron ?!

Chaque mois, un mardi en général, se tient le Comité produits. L'entreprise a grandi, et emménagé dans quelques pièces au rez-de-chaussée d'un immeuble parisien. Autour de la table de ce Comité, on trouve Nicolas Chabanne, Laurent Pasquier et les équipes chargées de suivre la fabrication, dont Joséphine Roux, qui épaule désormais

Pasquier. Ils font le point sur les projets en cours. Une fois le produit prêt à sortir, c'est Nicolas Chabanne qui récupère « le bébé » pour en développer la communication. Son rôle, à lui, ce sera toujours d'appuyer sur la belle histoire, de mettre en avant l'aide aux petits producteurs.

« En quelque sorte, C'est Qui Le Patron ?! a inventé le commerce équitable Nord-Nord », analyse Bertrand Swiderski, le responsable de la RSE chez Carrefour. « Par définition, le commerce équitable, qui d'ailleurs a bien plus d'importance dans les pays anglo-saxons qu'en France, s'applique aux relations Nord-Sud. Les pays riches du Nord aidaient des petits producteurs du Sud, que ce soit des fabricants de café au Pérou, ou de noix de muscade du Kerala. Chabanne et son équipe ont fait pareil, mais avec des petits producteurs d'ici. »

Dès le premier semestre 2017, deux marchandises suivent le lait : le jus de pomme et la pizza. Le retour de la pizza ! « C'est vrai, c'était notre premier projet avec Nicolas. On a voulu tenter le coup ! », raconte Laurent Pasquier.

La pizza est plébiscitée par les internautes en version surgelée – ce qui nécessite moins de conservateurs que les produits frais. Elle est ensuite fabriquée par une petite entreprise du sud de la France, la seule à détenir le Label Rouge en France dans le domaine de la pizza. « Nous avions de bonnes tomates, du bon fromage, la plupart des ingrédients étaient *made in* Provence, explique Pasquier. Néanmoins, malgré l'engouement initial, des sociétaires nous font des reproches, du style : *Vous avez créé une marque éthique, où est l'éthique ? Où aidez-vous les producteurs ?* »

Lancée en juin 2017, la pizza marche plutôt bien, mais pas autant qu'espéré. « On réalise que les gens ne comprennent pas vraiment la démarche, reconnaît Pasquier. Était-ce un problème de communication sur l'emballage ? En tout cas, même si la pizza continue d'exister aujourd'hui, on n'a plus proposé de produits élaborés depuis. Uniquement des produits bruts ou dérivés, comme les œufs, le beurre, la crème fraîche, etc. »

La genèse du jus de pomme

Chronologiquement, le jus de pomme est le deuxième produit labellisé C'est Qui Le Patron ?! L'idée naît dès la fin 2016. Des producteurs appellent Nicolas Chabanne : la crise est telle, dans les vergers alsaciens, qu'ils en sont réduits à arracher des pommiers. Car si les « pommes à bouche », les plus belles, destinées à être mangées, rapportent 55 centimes le kilo au producteur, les autres pommes, moins belles, partent dans le circuit des jus ou des compotes. Et là, le prix au kilo tombe à 12, parfois 8 centimes.

« J'ai établi le questionnaire, raconte Laurent Pasquier, en proposant de payer convenablement l'agriculteur, soit 19 centimes le kilo. Et les consommateurs l'ont validé. »

Le jus de pomme arrive en magasin en mai 2017 – avec les pommes alsaciennes, mais aussi des Pays de la Loire et de Normandie. « Les consos nous ont dit que le jus était très bon ! se remémore Pasquier. Il y a une raison à ça. Normalement, les fabricants n'utilisent que les écarts de tri dans les jus, soit les pommes les moins qualitatives. Là, on a rajouté des pommes à jus, celles, de meilleure qualité, qui servent à fabriquer du cidre. » Au total, C'est Qui Le Patron ?! a produit en 2017 l'équivalent d'un million de litres de jus de pomme, qui sera intégralement vendu – et l'aventure du jus continue toujours.

Pour l'élaboration des produits, l'alliance originelle entre Chabanne et Pasquier fonctionne plus que jamais. Au premier les idées, les contacts et la promo ; au second les idées (aussi), la science du questionnaire, la recherche des partenaires et le suivi de la fabrication. Au fil du temps, Pasquier est passé maître dans la connaissance de ce qui est bon et équitable. Il repère les détails qui changent tout. Et il tient à transmettre son savoir. « C'est un pan très important du questionnaire : je veux être pédagogique, dit-il. C'est l'ignorance qui fait qu'on achète mal. On devrait avoir des cours sur ces sujets, au collège et au lycée.

On arrive au bac sans savoir comment une bête grandit, comment une plante se cultive ! » Son expertise le conduit, parfois, à refuser de se lancer dans certains produits. Un exemple ? Il aimerait que C'est Qui Le Patron ?! vende du café, mais c'est difficile, voire impossible, d'en acheter « hors trading », en se passant d'intermédiaire. Il cherche toujours. Autre exemple ? « Les consos nous demandent depuis longtemps du jambon blanc. Sauf qu'à ce jour, je n'ai trouvé aucun partenaire capable de livrer partout en France, et qui accepterait de se passer de nitrites, de nitrates, ou de bouillon naturellement nitrité. Or, je veux proposer cette option saine aux consommateurs. C'est l'impact sur la santé qui me motive. On doit pouvoir acheter ce que l'on souhaite, mais en conscience, y compris des éventuels risques sanitaires. C'est pour cela qu'on utilise zéro huile de palme dans nos produits. »

Aux sources du chocolat noir

S'il y a souvent de l'huile de palme dans la composition du chocolat, celui estampillé C'est Qui Le Patron ?! en est bien dépourvu. Et sa fabrication est l'une des plus équitables qui soit. L'idée du chocolat naît à l'automne 2017. Nicolas Chabanne a un premier contact avec le patron de l'entreprise familiale Cémoi, à Perpignan. C'est un gros acteur du chocolat en France, l'un des seuls à maîtriser l'intégralité de la filière, de la fève de cacao, jusqu'à la tablette mise en rayon… Laurent Pasquier se rend à Perpignan. Un moment-clé. « Quand on a déjà établi un contact, a priori prometteur, avec un industriel, je me déplace systématiquement pour visiter les usines. J'arrive en tant que conso ! Le but, c'est de se connaître, de voir comment ils travaillent, et moi, je leur présente plus précisément C'est Qui Le Patron ?! Cette journée-là, on mange ensemble, on boit des coups, ce n'est pas rien ! Il faut créer la confiance, valider qu'on a bien la même vision des choses. »

À Perpignan, ce fut le cas. Pasquier rencontre le responsable de la RSE de Cémoi, Joaquin Muñoz, avec qui l'entente est immédiate. Muñoz fut le président de Max Havelaar France, et il connaît personnellement les agriculteurs qui font pousser les fèves, en Côte d'Ivoire. Va pour un voyage dans la plantation, en plein brousse ! Pasquier et Muñoz s'envolent en novembre 2017. Et Laurent Pasquier découvre une coopérative qui travaille déjà pour Cémoi.

« Ce qui m'a séduit chez eux, c'est le programme mis en place pour que ça puisse être un meilleur cacao, et notamment le coaching des planteurs. Car, même si la Côte d'Ivoire est un gros producteur, leur cacao n'est pas forcément reconnu sur le plan qualitatif, et les producteurs ne sont pas très bien rémunérés. De surcroît, ils produisent moins de 500 kg par hectare, quand, en Amérique du Sud, ils atteignent plus d'une tonne par hectare, en grands crus qui plus est. Dans cette coopérative ivoirienne, il y a tout un programme de développement en agroforesterie, car le cacaoyer a besoin des arbres pour lui faire de l'ombre. J'ai également visité le centre de séchage et de conditionnement, à côté de la coopérative. Les gens de Cémoi achètent des fèves fraîches, non fermentées ni séchées, mais au même prix que si elles l'étaient ; et ils font ensuite le travail eux-mêmes, tout en formant les planteurs. C'est ce cacao-là qu'on utilise pour nos plaques de chocolat. Et les petits producteurs, qui gagnaient environ 700 francs CFA le kilo de fèves, sont désormais rémunérés 1 000 francs CFA via C'est Qui Le Patron ?! (soit 1 525 euros la tonne). » Le chocolat reste, à ce jour, le seul produit C'est Qui Le Patron ?! qui n'est pas *made in* France. Mais il n'y a pas de religion à ce propos dans l'équipe. Ce qui importe, c'est de respecter le cahier des charges. Que ce soit en Lozère, en Bresse, au fin fond de la Côte d'Ivoire, ou au bout de la Bretagne !

La pêche à la sardine

L'une des plus belles histoires à raconter, Chabanne et Pasquier en sont tout fiers, c'est celle des sardines. « Et pourtant, on n'y aurait jamais pensé, reconnaît Nicolas, mais j'ai reçu un appel, en 2017. » Au bout du fil, les dirigeants de Connétable, la plus ancienne conserverie de sardines au monde : elle existe depuis 1853 à Douarnenez, en Bretagne. « Douarnenez, c'est le berceau des sardiniers en France. Des nombreuses conserveries de jadis, il n'en reste plus qu'une poignée, dont celle de Connétable, qui est une entreprise familiale et indépendante », raconte Laurent Pasquier.

Après un premier contact par téléphone avec les fabricants, Pasquier se rend sur place.

« J'ai visité le port où arrivent les sardines à l'aube. Là-bas, une partie des pêcheurs utilisent des bateaux qu'on appelle des *bolincheurs*. Plus petits que des chalutiers, ils permettent une pêche ciblée, presque au lasso, où la sardine n'est pas étouffée. Les pêcheurs travaillent grâce à un sonar qui repère le banc de poissons ; ils jettent leur filet puis le relèvent à la main. C'est une pêche côtière, qui consomme de surcroît beaucoup moins de fioul que celle des chalutiers… Il n'y a que quatre marins à bord, le patron-pêcheur, deux pêcheurs et un mécano-pêcheur… Et dès le départ, ils savent que la pêche sera répartie équitablement entre eux quatre. »

Pasquier revient enchanté de son voyage en Bretagne. Des méthodes aussi artisanales et vertueuses, il n'y en a plus beaucoup. La mise en ligne du questionnaire est un succès ; les internautes valident massivement le type de pêche ancestrale, pourtant plus chère, que pratiquent les marins de Douarnenez, et votent aussi pour qu'ils soient mieux rémunérés.

« On a ensuite établi un contrat tripartite avec ces pêcheurs, regroupés dans l'Association des bolincheurs de Bretagne Sud, qui possèdent 27 bateaux, et l'usine Connétable, qui met les sardines en boîte », explique Pasquier. Le deal pour les pêcheurs est de 750 euros la tonne, pendant trois ans. Normalement, ils ne touchent guère plus de 650 euros la tonne, et encore, avec le système de la criée, ça peut être moins. « Non seulement on les rétribue mieux, mais c'est un prix fixe garanti. Et ça, c'est très nouveau pour eux », ajoute Pasquier. Cette année, C'est Qui Le Patron ?! espère vendre 1 000 tonnes de sardines au prix voté conseillé de 2,70 euros la boîte de 135 grammes.

Au secours des abeilles

Il y a tant d'autres histoires... Celle du miel, disponible depuis fin 2018 en magasins, se joue au cœur des terroirs et de la biodiversité. Car le monde de l'apiculture est une sorte de miroir de la planète : il va mal. Les abeilles disparaissent, le miel devient une denrée rare. Lors du vote soumis aux consommateurs, une question portait sur la création du *Fonds pour la sauvegarde des abeilles*, question à laquelle les consommateurs ont répondu « oui ». C'est ainsi que sur chaque pot vendu, 11 centimes sont destinés au Fonds, afin de subventionner des actions en faveur de la biodiversité et de la diminution de l'usage des pesticides.

Bizarrement, cette idée de Fonds a été compliquée à mettre en place. « Il a fallu que je convainque tout le monde, se rappelle Pasquier, à commencer par les apiculteurs eux-mêmes, qui ne comprenaient pas pourquoi on allait vendre un miel plus cher afin de réserver de l'argent qui irait à d'autres – des agriculteurs, en l'occurrence. Sauf qu'ils sont liés : les apiculteurs pratiquent la transhumance avec leurs ruches, et des agriculteurs les accueillent car ils ont besoin de pollinisateurs. Finalement, le bon sens a eu raison des vieux réflexes d'autoprotection. »

Et comme le Fonds sera bientôt agréé d'utilité publique, chacun pourra faire des dons aux abeilles, déductibles d'impôts. Il servira également à financer des prairies fleuries pour que les abeilles butinent mieux, ou à introduire de nouvelles variétés de tournesol (les variétés actuelles sont plus rentables pour les agriculteurs, mais moins mellifères, et donc moins prisées des abeilles). Il pourra aussi servir à des négociations. Pasquier raconte : « Certains agriculteurs préfèrent traiter leurs pommiers dans la journée, car ça revient moins cher en main-d'œuvre, alors que c'est le moment où les abeilles butinent. Nous allons aider les apiculteurs à négocier, afin que les agriculteurs deviennent plus vertueux. »

Depuis son lancement, le miel « toutes fleurs » est un franc succès : c'est le produit C'est Qui Le Patron ?! le mieux référencé par la grande distribution depuis le début de l'aventure. Et comme les consommateurs ont eu du mal à se départager entre l'option « miel conventionnel » et « miel bio », les deux ont été commercialisés. Pour le conventionnel, les apiculteurs touchent 6 000 euros la tonne (au lieu des 4 500 euros perçus d'ordinaire), et pour le bio, c'est 10 000 euros la tonne (à la place de 9 000 euros).

Le steak haché et ses ratés

Jusqu'à présent, la seule véritable ombre au tableau de C'est Qui Le Patron ?! est le steak haché frais. L'équipe avait choisi une race de bœufs très gustative, haut de gamme. Sauf que le prix est calculé sur une carcasse entière, et que le temps de mise en vente est forcément très court (quatre jours seulement). « Bref, résume Laurent Chabanne, on a eu beaucoup de casse. Si l'on veut des critères élevés en termes de qualité, la viande fraîche coûte très cher. Trop pour les consos ; on l'a arrêtée. »

Le steak haché surgelé, lui, continue sa route. Beaucoup plus aisé à commercialiser, il a trouvé ses adeptes. Tout comme la salade, les œufs, la farine, le beurre, les fraises…

Jusqu'où iront-ils ? Le modèle C'est Qui Le Patron ?! est-il déclinable à l'infini ? Nicolas Chabanne et les deux Laurent n'en sont pas sûrs. Car il faut trouver la combinaison « parfaite » : un produit fabriqué de manière irréprochable ; un amour du produit de la part des consommateurs, et surtout, on l'a vu : une histoire. Une histoire de petits producteurs à la fois simple et émouvante, comme celle du lait, comme celle des sardines…

Le patron de LSDH, Emmanuel Vasseneix, abonde dans ce sens : « C'est transposable, mais pas à tout. Il faut qu'il y ait quelque chose à raconter ! » Mais attention, précise l'industriel : « Les produits C'est Qui Le Patron ?! ne sont pas des solutions à la misère. N'oublions jamais que ce sont avant tout les produits du consommateur ! »

CHAPITRE 9

Est-ce la fin d'un monde ? Ou comment C'est Qui Le Patron ?! secoue les choses, et apprend aussi à faire de l'entrisme

Les initiatives de C'est Qui Le Patron ?! vont-elles continuer de grandir et, avec d'autres aussi innovantes, comme les AMAP, les Jardins de Cocagne ou les PAT[1], changer l'agroalimentaire en France ? Une chose est certaine, le système de l'agroalimentaire et de la grande distribution, tel qu'on le connaît depuis les années soixante, vacille.

Elsa Saltimis, la seule dans l'équipe C'est Qui Le Patron ?! à connaître cet univers-là de l'intérieur, en explique les blocages : « On tourne en rond. Les grandes marques sont obsédées par les innovations. Elles en sortent sans cesse, afin d'inonder le marché et de capter l'attention des consommateurs. Pourquoi ? Pour rester référencées par les distributeurs, demeurer dans cette course à l'innovation,

1 Les AMAP (Association pour le maintien d'une agriculture paysanne), mettent en lien direct agriculteurs et consommateurs, les Jardins de Cocagne et les PAT (Projets alimentaires territoriaux) mêlent engagement social, agriculture biologique et circuits courts.

qui n'est qu'une gigantesque fuite en avant. C'est Qui Le Patron ?! n'est pas dans cette logique-là, et j'espère que d'autres nous suivront, pour faire bouger les choses… »

Elles commencent à bouger, les choses. En octobre 2018, le classement des magasins préférés des Français a été l'illustration du changement, avec deux nouveautés de taille. À la première place, l'enseigne Grand Frais a battu à plate couture les géants d'hier, les Fnac, Amazon ou Ikéa. Qu'est-ce que Grand Frais ? Un concept de halles remises au goût du jour, où des commerçants spécialisés (boulangerie, boucherie, fromagerie…) proposent aux chalands des produits frais, et de proximité, dans des lieux de taille moyenne afin d'en préserver le côté humain.

La deuxième surprise, c'est l'apparition à la sixième place d'une chaîne de magasins bio qui jusque-là n'avait jamais intégré le classement : Biocoop. Avec presque 500 points de vente dans l'Hexagone, Biocoop a su tirer profit de l'engouement des Français pour le bio – engouement né, en partie, de leur méfiance grandissante à l'égard des acteurs traditionnels du marché. Sauf que ces derniers s'y mettent, sentant le vent tourner, et probablement appâtés par la marge de progression du bio. Rappelons que, selon l'Agence Bio, les Français ont consommé en 2018 pour 8 milliards de produits bio, en progression de 1 milliard par rapport à 2017. Mais si les marques traditionnelles investissent le marché, c'est à quel prix ?

« On est dans un contexte de développement rapide de l'agriculture biologique, avec des objectifs très ambitieux », explique Charles Pernin, le délégué général du syndicat bio Synabio[1]. « Le paysage est en train de changer avec l'arrivée d'acteurs qui ne partagent pas les mêmes valeurs. Et la grande distribution fait pression sur ses fournisseurs. » À croire, donc, que même si les choses changent, rien ne change ? Mais le consommateur ne risque-t-il pas de se sentir à nouveau floué, si la réalité ne correspond pas à ses attentes ? Si le bio devient le fruit d'un processus industriel, et pas forcément vertueux ?

Ça, c'est la vision pessimiste. La peur que le bon modèle soit dénaturé, et qu'après un temps d'espoir, les pratiques d'antan reviennent au galop. Sauf que d'autres voient les choses autrement, dont Nicolas Chabanne. Il est convaincu que « l'ancien monde » est cuit. Qu'il va être obligé de changer, parfois par conviction, mais essentiellement, pour l'instant, par opportunisme. « Quand vous êtes une grande marque et que les millions d'euros de publicité que vous dépensez ne vous permettent plus d'avoir les mêmes résultats, quand ceux-ci ne sont pas carrément négatifs, vous faites quoi ? Vous continuez comment à faire de la com' ? » Il est persuadé que si plein de petites marques

---

1 Au journal *Le Monde*, le 21 février 2019.

locales avec de belles histoires arrivaient sur le marché, c'en serait (presque) fini des grandes marques.

Les vieilles méthodes ont la dent dure

En attendant ce moment, s'il arrive, « l'ancien monde » résiste encore. Laurent Pasquier se souvient d'un rendez-vous, avec Nicolas Chabanne, chez un grand groupe de distribution. C'était en 2017, quelques mois après le lancement de la brique de lait. « On se retrouve face aux responsables des achats, cinq personnes derrière une table, nous en face… Ils nous ont cartonnés, on n'était manifestement pas les bienvenus. Quelques semaines plus tard, Nicolas arrive à entrer en contact avec le PDG du groupe, qui trouve notre initiative formidable. Ils échangent des mails, et on obtient un second rendez-vous. Sauf que là, c'est… encore pire ! Ils sont neuf face à nous, un vrai tribunal… Pendant trente minutes, c'est l'hallali, avec un questionnaire agressif sur notre démarche. Pour tenter de faire bouger les choses, Nicolas propose de lire le mail enthousiaste de leur PDG. Les directeurs répondent, en substance, qu'ils s'en fichent, ça ne les intéresse pas ! On finit par dire : *OK, on va faire savoir aux internautes que vous ne voulez pas de nos produits chez vous…* À ce moment-là, ils ont cédé de bien mauvaise grâce. C'est aussi ça, la grande distribution. »

Parfois ça coince sur des aspects purement logistiques : l'exposition dans les rayons. « Face aux grands groupes qui peuvent sortir plein d'innovations par semaine, raconte Elsa Salmitis, c'est la lutte pour la place dans les supermarchés. Les rayons sont pleins à craquer. Et nous, comme on développe de plus en plus de produits, on demande de plus en plus de place. Résultat, on a déjà entendu des phrases comme : *Ah, C'est Qui Le Patron ?!, vous en voulez toujours plus !* »

Or ils n'obtiennent pas toujours ce qu'ils veulent. *De facto*, l'un des freins majeurs au développement de la marque, et qui pourrait décourager ses aficionados ou clients potentiels, c'est tout simplement... de ne pas trouver les produits en rayon. Cela arrive souvent, malgré l'engouement des patrons de la grande distribution envers C'est Qui Le Patron ?! et le militantisme des consommateurs qui envoient, via l'application C'est Qui Le Patron ?!, des mails pré-remplis aux directeurs de magasins pour réclamer tel ou tel produit. « Dès le début, et en quelques semaines, il y a eu 40 000 envois et signalements, précise Nicolas Chabanne. De très nombreux magasins se sont convertis à la suite de ces messages. »

Malgré tout cela, le système de la grande distribution en lui-même, son inertie notamment, est difficile à faire évoluer. Pour l'instant, C'est Qui Le Patron ?! reste un « petit », et aux petits, ce système laisse peu de place. Cela fait enrager Martial Darbon, le producteur de lait : « On a été le produit le plus vendu en 2017 ! Et pourtant, on ne nous trouvait pas partout. Bizarre, non ? Si ça avait été un livre, il aurait été disponible dans toutes les librairies, non ? »

Avec les distributeurs, il y a aussi les désaccords de fond : ils n'ont pas la même vision des choses… Un jour de juin 2018, lors d'une visite chez un producteur de fraises, à Saint-Rémy-de-Provence, Nicolas Chabanne se retrouve à discuter avec Michel-Édouard Leclerc, le grand patron du groupe du même nom, venu avec plusieurs personnes de son équipe. Chabanne raconte : « Leclerc nous a dit que notre initiative l'intéressait. Mais selon lui, notre faible part de marché – 2,3 % du lait en France – c'était quand même la preuve que les gens voulaient avant tout des premiers prix. » Ce à quoi Chabanne a rétorqué : « Pas d'accord ! Vous ne pourriez en être sûr que si vous proposiez 50 % de premiers prix, et 50 % de *vrais* produits, dotés d'une réelle valeur ajoutée, expliquée et comprise par les consommateurs. Ce serait plus juste pour déterminer ce qu'ils désirent vraiment ! » À croire que le message est passé, que les visions peuvent changer... Quelques mois plus tard, vers Noël 2018, Michel-Édouard Leclerc appelle Nicolas Chabanne. Ce dernier rapporte la conversation : « J'ai bien réfléchi, me dit Leclerc, votre truc, c'est un vrai truc… On va s'engager à fond avec vous, on va devenir vos plus gros vendeurs ! » Le 14 février 2019, Leclerc et Chabanne tournent une petite vidéo, publiée ensuite sur YouTube.

Michel-Édouard, chemise bleu ciel et pull beige noué sur les épaules, tout sourire, annonce : « C'est le jour de la Saint-Valentin, Leclerc et C'est Qui Le Patron ?! se sont fait une déclaration d'amour, et nos magasins vont doubler le chiffre d'affaires de C'est Qui Le Patron ?! » Nicolas Chabanne raconte l'anecdote avec une immense satisfaction, la satisfaction de celui qui fait sauter les verrous un par un. « Mais attention, précise-t-il, je lui ai dit qu'avec les consos, on allait vérifier tout ça ! »

Hormis le soudain engouement du patron de Leclerc, la grande distribution continue de faire le dos rond avec un autre mode de résistance très en vogue : la copie. Ou, dit plus pudiquement, « l'inspiration ». Ou, plus techniquement, « l'accaparation du concept par les distributeurs », selon les termes d'une étude[1] de l'institut Nielsen consacrée à C'est Qui Le Patron ?! D'après cette étude, *l'accaparation* est l'un des principaux risques qui menacent la marque aux yeux écarquillés. De quelle manière ? Les grands distributeurs, avec leurs produits MDD (marque de distributeurs), ont rapidement pris exemple sur C'est Qui Le Patron ?!, en mettant en avant la part versée aux petits producteurs. Tant mieux ! Sauf qu'ils font beaucoup, beaucoup de publicité autour. Et que les prix affichés introduisent de la confusion dans l'esprit du consom-

1 « Le succès de C'est Qui Le Patron ?! », Nielsen, octobre 2018.

mateur. Exemple : chez tel grand distributeur, le lait en MDD rétribue les petits producteurs un peu plus que les 39 centimes de C'est Qui Le Patron ?! Or, le prix de vente de ces briques MDD est… inférieur à celui de la brique bleue. Comment est-ce possible ?

Il y a deux explications. « Déjà, ils peuvent rogner sur leur propre marge. Diminuer un peu leur marge, cela leur permet d'afficher un plus bas prix de vente au consommateur. Quant à la rémunération des petits producteurs, eh bien, c'est parfois de l'entourloupe ! Quand un distributeur clame, récemment, haut et fort, qu'il leur verse plus de 39 centimes, c'est vrai, sauf que cela ne concerne qu'une petite part de ses producteurs, ou qu'une faible part de leur production. Mais peu de gens le savent. Résultat, les groupes communiquent sur leur grand cœur, en jouant sur le flou, en faisant croire que tous leurs producteurs bénéficient de leur générosité. » Laurent Chabanne sourit. Quoiqu'un peu agacé, il ressent, comme ses deux associés, une part de fierté. « Bien sûr, nous avons été massivement copiés. Cependant, en deux ans d'existence, nous avons tiré vers le haut l'ensemble de la filière lait. Les grandes coopératives et les entreprises laitières payent mieux leurs producteurs… La donne a changé ! »

Malgré ce contexte quelque peu embrouillé, personne ne veut chez C'est Qui Le Patron ?! rétablir une quelconque vérité. Ni expliquer au consommateur comment faire la différence entre l'original et les copies, entre l'initiative dédiée aux producteurs et aux consommateurs, et l'opportunisme des grands groupes de distribution qui s'engouffrent dans la brèche du « juste » et du « bon ». Les trois associés de C'est Qui Le Patron ?! savent les manigances et les omissions dont sont capables les grands groupes, mais ils ne désirent pas guerroyer sur ce terrain, ni vanter leur propre vertu. Loin du vieil adage *la meilleure défense, c'est l'attaque*, Nicolas et les deux Laurent prêchent une forme de « radicalité du simple » ; estimant que leurs produits parlent d'eux-mêmes, pourquoi en rajouter ? « En tant que consommateur, lance Laurent Pasquier, je déteste quand une marque en fait trop, que ça manque de simplicité. On ne va quand même pas faire pareil ! » Quitte à ne pas préciser en quoi C'est Qui Le Patron ?! agit mieux que les mastodontes ? « Oui, dit Laurent Chabanne. J'assume d'en dire moins, y compris d'omettre ce qu'on fait de bien, plutôt que de harceler les consommateurs avec des messages tellement entendus ailleurs, qu'ils risquent de ne plus être crus… »

Cette réserve presque trop pudique, cette absence de réactions face aux copieurs, cette manière de ne pas chercher à tout prix le *buzz*, même si la marque a les honneurs réguliers de la presse, sont d'autant plus assumées que C'est Qui Le Patron ?! a mis en place pour rassurer les consos sur sa probité, un système unique : le contrôle des produits effectué par ceux qui les consomment. Une forme de communication qui, une fois de plus, s'affranchit des canaux habituels – publicité et marketing – pour s'adresser directement aux consommateurs. « Dès le début, explique Laurent Chabanne, on s'est demandé ce qu'on pouvait apporter qui nous différencie des grands groupes. C'est très simple : la vérification du cahier des charges par les consommateurs. Concrètement, une fois par mois environ, on organise des visites chez les producteurs de C'est Qui Le Patron ?! Chaque sociétaire peut aller voir, de lui-même, si le cahier des charges créé tous ensemble est bien respecté, si la fabrication des produits obéit aux votes, et si le producteur est rémunéré comme il faut. Car si on affirme que notre initiative a changé la vie de Martial Darbon et de ses collègues de la Bresse, les consos doivent pouvoir le vérifier. Et ils y sont allés ! »

Cette « toute-transparence » est la clé de voûte de l'entreprise. Comme dit Nicolas Chabanne : « Nous avons tous le même pouvoir au sein de C'est Qui Le Patron ?!, les sociétaires, au même titre que les deux Laurent ou moi. C'est aussi cette horizontalité, cette clarté, qui permet aux consommateurs de mieux s'investir, de mieux comprendre la filière agroalimentaire et, au-delà, de prendre en main leur destin. »

La drague des grands groupes

La scène se déroule début décembre 2018, à Paris. L'équipe dirigeante de C'est Qui Le Patron ?! a convié les sociétaires à visiter les studios de la chaîne de télévision sur Internet qu'elle s'apprête à lancer : La Chaîne des Consos & des Citoyens (lire chapitre 10). Dans l'amphithéâtre où Nicolas Chabanne, Laurent Pasquier et d'autres prennent la parole, les sociétaires sont une cinquantaine, de tous âges, originaires de Paris et de la région parisienne. Ils posent des questions sur tel ou tel aspect du projet. Parmi eux, un petit groupe reste silencieux. Des costumes-cravates, des robes bien mises. Ce sont des cadres du groupe Nestlé. Le directeur du marketing France et des membres de son équipe. Ce sont eux qui voulaient venir, eux qui finissent par dire ce soir-là devant tout le monde : « Le minimum, c'est qu'on se parle ! »

Se parler, oui, mais quel est l'enjeu ? Il est double. D'un côté, C'est Qui Le Patron ?! a demandé à plusieurs marques, dont Nestlé, la possibilité d'aller filmer leurs usines pour sa future chaîne. Si l'on additionne les multiples enseignes lui appartenant (Nespresso, La Laitière, Mousline, Vittel, Herta, Buitoni, Nuts…), Nestlé comptabilise environ mille références en vente dans chaque grand magasin de France. Autant dire : un géant. Un géant dont il est tentant de comprendre les rouages, puisque le consommateur veut toujours en savoir plus, et qu'il doute de tout. Mais, au départ, l'enjeu est surtout vital pour Nestlé. D'ailleurs, ce sont ses dirigeants qui ont appelé Nicolas Chabanne. Ils veulent comprendre comment C'est Qui Le Patron ?! a réussi à établir un lien pareil avec les consommateurs. Et aussi : quelle est, finalement, leur conception du « bon » ?

Ce soir-là dans l'amphithéâtre, ils demandent à Laurent Pasquier, en référence à ses questionnaires : « Pour vous, qu'est-ce qu'on appelle une pizza trop grasse ? » Ou encore : « Qu'est-ce qu'un gâteau trop sucré ? » Ils sont très courtois, mais leur nervosité transparaît.

— On sait qu'on ne communique peut-être pas très bien, lâche l'un d'eux.

— Un certain nombre d'infos ne sont pas disponibles sur nos emballages, notamment l'origine des produits. Qu'en pensez-vous ? dit un autre.

Pasquier répond :

— Ce n'est pas terrible ! Pour les consos, il vaut toujours mieux préciser l'origine.

Un plus jeune, qui s'occupe de Mousline, prend la parole :

— On fabrique nos purées exclusivement avec des pommes de terre françaises, alors que d'autres fabricants vont les acheter à l'étranger, et moins cher. Mais qui s'en rend compte ? Pourquoi être plus vertueux, si on n'en tire aucun bénéfice ?

À la sortie de la réunion, « les Nestlé » s'éclipsent, et les sociétaires n'en reviennent pas d'avoir entendu ce qu'ils ont entendu. « Ben oui, c'est normal qu'ils aient peur », dit l'un d'eux. Le malaise serait-il général chez les « grands » ? Des échanges de ce genre, il y en a eu beaucoup depuis plusieurs mois. Aux dires de Nicolas

Chabanne et des deux Laurent, outre Danone, Nestlé, Bel, Savencia ou Carrefour, nombre de grands industriels et distributeurs veulent les rencontrer : une soixantaine en tout. Car tous, apparemment, se sentent fébriles. La raison ? Dans ce monde qui a tant changé, comment parler aux consommateurs ? Sortant de nulle part, C'est Qui Le Patron ?! fait figure d'exemple. Une trajectoire de météore, un discours simple, un rapport sans filtre avec les consos. « Parfois, dit Nicolas Chabanne, j'ai l'impression qu'ils pensent qu'on a la réponse à toutes leurs questions ! »

Une leçon d'entrisme via les labels

Selon Nicolas Chabanne, l'une des réponses, et l'une des façons de changer le monde, c'est de travailler avec tous les fabricants, y compris les grands groupes. De faire de *l'entrisme*, comme on dirait en politique. De faire du *cobranding*, comme on dit plutôt dans le marketing. Soit l'alliance de deux entités, ce qui ajoute de la valeur à chacune et permet de toucher plus de monde. Concrètement, ça se passe comment ? Une marque contacte C'est Qui Le Patron ?! pour un produit X. Elle élabore avec eux un cahier des charges, qui sera systématiquement validé par les consommateurs (sans validation collective, le produit ne se fait pas), et qui doit être respectueux des petits producteurs et de la qualité. S'il s'agit de produits déjà commercialisés par C'est Qui Le Patron ?!, comme le lait ou le jus de pomme, la marque reprend peu ou prou le cahier des charges existant. Puis la marque fabrique son produit X, qui sera vendu sous son nom avec, en gage de qualité et de transparence, le logo C'est Qui Le Patron ?! sur l'emballage. Des exemples ? Le lait fabriqué avec Monoprix. C'est la première aventure « sous label » (comme on appelle ce genre d'opération) de C'est Qui Le Patron ?! Celle-ci a commencé différemment des autres, puisque Nicolas Chabanne en est à l'origine.

Un jour que Régis Schultz, le président de Monoprix, lui explique vouloir lancer un lait équitable en MDD, Chabanne commence par lui dire : « C'est super, mais vous pensez que les consos vont vous croire ? » Il continue, bravache : « Et si on le faisait, votre lait ? Ce sera plus fort, et plus vrai ! » Schultz et son directeur de l'offre alimentaire, Nicolas Bonnetot, disent *banco* ; et à l'arrivée, sur les rayons de Monoprix cohabitent le lait de C'est Qui Le Patron ?! et le lait sous MDD de Monoprix, avec le logo C'est Qui Le Patron ?!

Bizarre ? Un peu, surtout pour le consommateur. Sachant que le lait Monoprix/C'est Qui Le Patron ?! est vendu moins cher que celui de C'est Qui Le Patron ?!, alors qu'il s'agit du même lait – celui de Martial Darbon et ses collègues –, la confusion augmente… Pourquoi cette différence de prix ? N'y a-t-il pas, de surcroît, un risque de concurrence contre soi-même ? Laurent Chabanne, son frère Nicolas et Laurent Pasquier acquiescent : « Oui, cela peut fragiliser notre lait, mais si on n'avait pas conclu ce deal, ce sont les producteurs qui en auraient pâti. Car là, en augmentant notre production, on soutient un plus grand nombre d'agriculteurs. Outre Martial et ses copains de Bresse, bien d'autres encore dans toute la France nous ont rejoints ! »

Une chercheuse et enseignante en gestion à l'université de Nanterre, Béatrice Bellini, suit C'est Qui Le Patron ?! depuis ses débuts : elle a interviewé ses créateurs, fait partie de la coopérative, et a même rendu visite à des petits producteurs. Pour elle, qui travaille sur le développement durable, l'environnement et l'humain – dans un secteur (la gestion) plutôt dévolu au marketing et à la communication –, l'avènement de C'est Qui Le Patron ?! est un formidable objet d'étude. « Ils ont une manière différente de vendre des produits, qui respecte l'être humain et la nature », dit-elle. Néanmoins, à remettre sa casquette de chercheuse, elle s'étonne de ces accords avec les grandes marques : « Si je suis un consommateur devant le rayon lait de Monoprix, je ne comprends plus rien ! Et comme, de surcroît, Nicolas Chabanne et ses associés n'expliquent pas forcément les choses, le conso se trouve perdu… Alors, pourquoi font-ils ça ? À mon avis, parce que Chabanne veut sauver tous les agriculteurs ! Et comme chaque nouveau deal permet de mieux rémunérer de nouveaux producteurs, il est impossible pour lui, et pour ses associés, de dire non. »

Sur ces accords de labels, C'est Qui Le Patron ?! touche 2 % du prix de vente, au lieu des 5 % sur ses propres produits ; mais le volume des ventes est bien plus important. Outre le lait, d'autres collaborations ont été lancées : des yaourts pour Carrefour en MDD, du jus de pomme pour Monoprix, en MDD également, et du jus de pomme pour la marque Cidou.

Ces collaborations sont-elles amenées à se développer ? « On verra ! On a déjà dit non à plein de propositions, affirme Nicolas Chabanne. Qui sait comment les choses peuvent évoluer ! Si demain C'est Qui Le Patron ?! disparaissait, mais qu'entre-temps ce système de label élaboré par les consos se généralisait, on serait très heureux d'avoir participé à cette transformation majeure ! »

CHAPITRE 10

Et demain ? Ou comment exporter un modèle qui marche et faire de la télé… Les projets de C'est Qui Le Patron ?!

La transformation initiée par Chabanne et les autres attire bien des curieux… y compris à l'étranger. Au fil des mois, une vingtaine de pays du monde entier veulent reproduire l'initiative. Tout a commencé par la Belgique où, en pleine déroute, des éleveurs de vaches laitières ont demandé de l'aide à C'est Qui Le Patron ?! « La détresse de ces agriculteurs nous a émus, Nicolas et moi, comme un écho de celle de Martial Darbon et ses collègues », explique Laurent Pasquier.

Concrètement, comment ça se passe ? Des personnes d'un pays donné, agriculteurs ou militants associatifs, par exemple, sollicitent les membres de C'est Qui Le Patron ?! Puis un coordinateur vient voir l'équipe à Paris et s'imprègne des principes maison. Si le concept et les outils informatiques peuvent être dupliqués, tout doit être repensé du côté des questionnaires, car chaque histoire concerne des consommateurs d'un pays, et seulement eux.

L'international, c'est désormais le domaine de Laurent Chabanne. Lui qui a beaucoup bourlingué en Asie et en Afrique s'y sent à l'aise. Il noue les contacts et rencontre ceux qui ont la même envie de changer les choses. Aujourd'hui, le projet C'est Qui Le Patron ?! essaime dans six pays. Outre la Belgique, où le lait est en vente et où d'autres produits seront bientôt lancés, il y a l'Espagne. « Là-bas, explique Laurent Chabanne, on rencontre énormément d'échos positifs. Les consommateurs ont choisi de développer le lait, les œufs et l'huile d'olive ; et le lait devrait être en rayon avant la fin juin 2019. En Italie, l'engouement est également incroyable : la communauté grandit et décide actuellement des produits qu'elle veut voir développés. » Idem pour le Maroc, où les consommateurs ont voté pour le lait, l'huile et le fromage. Plus récemment, la Grèce et l'Allemagne ont rejoint l'initiative. Et le Canada, les États-Unis, le Royaume-Uni, la Russie et la Chine expriment aussi un fort intérêt.

Selon Béatrice Bellini, la chercheuse de Nanterre, cette expansion internationale est non seulement légitime, mais salutaire : « Si le système mondial doit évoluer, ça partira de la France, pas des États-Unis ou d'ailleurs. Car sur le plan humain et environnemental, nous sommes en avance. Et l'expérience C'est Qui Le Patron ?! intéresse aussi beaucoup de gens dans les pays émergents, comme le Vietnam ou la Colombie, où il y a une forte demande pour des produits agroalimentaires sains et vertueux. »

La Chaîne des Consos & des Citoyens

Ils y pensaient depuis quelques mois, Nicolas et les deux Laurent. Lancer un média-vidéo, diffusé sur Internet, pour redonner la parole aux consommateurs. Des émissions où expliquer quels sont les bons produits. Des interviews de spécialistes, de penseurs, d'acteurs d'une agriculture engagée. Et puis le rêve a pris forme. Depuis fin mars, la Chaîne des Consos & des Citoyens est disponible sur Google Play et sur l'App Store ; et la web TV est aussi diffusée par les 22 stations locales du réseau Vià, disséminées dans toute la France. Le directeur général de la Chaîne des Consos & des Citoyens, Thierry Laval, a bien roulé sa bosse avant d'atterrir dans l'aventure. C'est un « pro » de l'ancien monde qui se trouve ravi d'être propulsé là, à l'orée du nouveau. Fondateur de la chaîne musicale MCM, il a travaillé à TF1 et Canal+, avant de créer Campagnes TV, une chaîne consacrée à l'agriculture et l'alimentation, ce qui lui avait permis de croiser Nicolas Chabanne en 2012.

Ils se sont revus récemment et, portés par l'aventure C'est Qui Le Patron ?! et les capitaux nécessaires, ils ont imaginé une grille scandée en cinq mouvements.

1. Tout d'abord les vidéos des consos en reportage : ils vont vérifier chez les producteurs et fabricants si l'élaboration des produits obéit bien aux cahiers des charges.

2. Ensuite le Mag, une émission de 26 minutes animée par Nicolas Chabanne. « Le but, explique Thierry Laval, c'est d'élaborer le cahier des charges idéal pour un produit avec les consommateurs présents sur le plateau, mais aussi ceux qui vont interagir sur les réseaux sociaux. L'émission parle également des initiatives citoyennes en matière de RSE, et de développement durable. »

3. Autre temps fort de la chaîne, les interviews de personnalités qui, selon les mots de Thierry Laval, « œuvrent pour améliorer notre alimentation, préserver les océans et les forêts, ou pour réduire notre empreinte CO_2, comme Maxime de Rostolan, Claude et Lydia Bourguignon, Patricia Ricard[1], etc. ».

4. Il y a aussi des reportages à la rencontre d'agriculteurs, ainsi que de patrons de petites boîtes de l'agroalimentaire dans toute la France. « La mini-entreprise qui propose la meilleure ratatouille de Provence, on veut aller la voir et comprendre comment elle fait de si beaux produits ! », dit Nicolas Chabanne.

---

1 Maxime de Rostolan est le coordinateur du projet « Fermes d'Avenir », à Montlouis-sur-Loire, où est expérimentée, sur une petite surface, la viabilité économique et écologique de techniques agroécologiques intensives comme la permaculture. Claude et Lydia Bourguignon, deux scientifiques, ont créé le LAMS, un laboratoire indépendant au service des agriculteurs, afin de les aider à gérer les sols de manière durable. Patricia Ricard est la présidente de l'Institut océanographique Paul Ricard, destiné à faire connaître et protéger la mer.

5. Enfin, des vidéos sur la pédagogie de l'alimentation, avec Laurent Pasquier. « En deux minutes, dit Thierry Laval, il s'agit d'expliquer tout sur la fraise, par exemple : les différents types, les façons de les produire, les qualités, les défauts… »

Quel programme ! Des consommateurs, des experts, des animateurs maison (Nicolas Chabanne), mais pas de stars, ni d'invités pour faire le *buzz*, et pas non plus de journalistes. Thierry Laval veut revisiter le concept même d'une chaîne. D'une chaîne évidemment sans publicité. Mais comment tout cela est-il financé, puisqu'un tel projet coûte entre 2 et 4 millions d'euros ? Par des investisseurs privés, qui ont fait fortune dans la finance et qui veulent agir autrement. Le tour de table n'est pas encore finalisé, mais on compte déjà un financier suisse, et un Français du nom d'Alexandre Mars, qui révolutionne l'idée du don et du partage après avoir amassé une fortune fulgurante… Des sortes de *business angels* qui auraient envie de se racheter ? Peut-être. Mais Nicolas Chabanne leur fait confiance. « Et si ça ne colle plus, les consos voteront et on changera d'investisseurs ! », explique-t-il.

Les consos feront-ils, au fil des mois, le succès de la chaîne ? En tout cas, ses thématiques sont dans l'air du temps. Selon une étude[1] de Kantar Worldpanel portant sur l'année 2018, un « vent de révolte souffle sur la grande consommation ». 80 % des Français se disent inquiets quant à la sécurité alimentaire, et 56 % d'entre eux se méfient de la grande distribution. Ils sont prêts à payer plus pour des produits plus sains, avec une meilleure transparence, et à mieux rétribuer les agriculteurs. Dans ce tumulte, quels sont leurs repères ? Ils citent : « Le végétal, le bio, l'origine contrôlée. »

L'ère de la transparence ?

Quand on pose la question suivante à Nicolas Chabanne, à Laurent Pasquier et à Laurent Chabanne : *Comment voyez-vous C'est Qui Le Patron ?! en France, dans un an, dans cinq ans ?*, ils affirment ne pas « réfléchir comme ça ». Ils n'affichent pas d'objectif chiffré, de business plan ou d'ambition démesurée. « On veut avant tout assurer la pérennité de l'entreprise. Nous avons une responsabilité par rapport aux producteurs embarqués dans l'aventure, et par rapport aux consommateurs qui nous suivent. Le plus important, c'est de convaincre plus largement encore les consos de nous rejoindre ! »

---

1 https://www.kantarworldpanel.com/fr/A-la-une/2018-analyse-conso

Et pas que les consos ! L'initiative fait *enfin* changer le monde de l'agroalimentaire. Certains supermarchés, comme la chaîne de magasins Cora, proposent désormais des rayons dédiés à tous les produits C'est Qui Le Patron ?!, afin de leur assurer une meilleure visibilité. Il faut dire que les chiffres parlent d'eux-mêmes : en février 2019, l'Institut Nielsen publiait son étude[1] des meilleurs lancements de produits de grande consommation 2018. Résultat ? Le lait C'est Qui Le Patron ?! est devenu en seulement deux ans la référence la plus vendue du rayon lait, juste derrière le premier prix. Par ailleurs, le beurre biologique C'est Qui Le Patron ?! occupe la première position des produits bio, et se place dans le top 20 (au 13e rang) du classement général. Selon Nielsen, c'est la première fois qu'un produit bio apparaît dans ce classement, et ce n'est pas une surprise : les Français ont le désir de mieux consommer, et le côté bio du produit se trouve renforcé par la démarche sociétale de la marque à l'égard des petits producteurs. Enfin, le chiffre d'affaires de C'est Qui Le Patron ?! fait exploser les compteurs. Il a progressé de 116 % en 2018, propulsant la marque à la première place des plus fortes expansions de l'univers agroalimentaire. CQFD pour CQLP ?!

---

1 Chaque année, en février, l'Institut Nielsen publie son « Top 20 des meilleurs lancements de produits de grande consommation », pour l'année précédente. Le classement est établi selon le chiffre d'affaires réalisé en hypermarchés et supermarchés après six mois de présence en magasin.

Dans cet univers chambardé, certains géants de la distribution, comme Carrefour, cherchent la parade pour enrayer la crise du secteur. Début 2019, le groupe a lancé un test dans quatre magasins du pays. L'idée ? Proposer au consommateur le plus grand nombre de produits en MDD, quitte à supprimer certains noms très connus des rayons. Le but ? Vérifier si les consommateurs sont prêts à renoncer aux huiles Puget, aux sirops Teisseire, aux farines Francine, par exemple, au profit de produits estampillés Carrefour. Et si, derrière ce ballon d'essai, se profilait une nouvelle ère, celle d'un produit juste, élaboré de manière la plus transparente possible avec les consommateurs ? C'est en tout cas ce que Nicolas Chabanne veut y voir. « Il y a deux ans, j'ai dit à plusieurs patrons : *Arrêtez d'être des marques, soyez des génériques ! Vous fabriquerez, en collaboration avec les consos, de bons produits avec des marges stabilisées, et qui aideront les producteurs.* » Si l'on suit ce modèle à la lettre, les magasins ressembleront aux supermarchés soviétiques des années soixante-dix : une poignée de références, peu de choix, une production rationalisée au possible. Impensable ! Le consommateur ne désire-t-il pas, avant tout, avoir le choix ? « Bien entendu ! répond Chabanne, mais l'un n'empêche pas l'autre… Si l'on prend du recul et qu'on pense au monde de demain, il faut quand même changer les choses, non ? A-t-on besoin, pour du jambon blanc ou des yaourts, d'avoir des centaines de références ? Je pense que le conso-citoyen est en train de prendre conscience que certaines choses ne tournent pas rond ! »

Parmi les pistes à l'étude dans les têtes des deux Laurent et de Nicolas, se trouvent celles de développer des « corners » dans les grands magasins et de créer de petites boutiques éphémères qui vendraient les produits C'est Qui Le Patron ?!, ainsi que ceux d'autres marques qui obéiraient à des cahiers des charges qualitatifs relativement similaires. Le e-commerce les tente aussi, mais pour l'instant dans l'agroalimentaire aucun modèle économique n'a vraiment fait ses preuves. Affaire à suivre ?

Il y a quelques mois, le responsable de la RSE de Carrefour, Bertrand Swiderski, toujours très proche de l'équipe, s'est demandé quelle serait la prochaine idée : « Il faut que Nicolas Chabanne entretienne la flamme du projet ! »

On dirait bien qu'il a trouvé comment…

CHAPITRE 11

La révolution citoyenne, ou comment C'est Qui Le Patron ?! veut faire de la politique sans faire de la politique

À quoi voit-on, aussi, le succès d'une initiative ? À l'intérêt que lui portent les politiques... Dès le début, C'est Qui Le Patron ?! a attiré leur regard. D'ailleurs, le lait n'est-il pas né à la suite d'une question d'un conseiller du ministre de l'Agriculture ?

Peu après le lancement du lait, Nicolas Chabanne a invité cinq producteurs de la coopérative Bresse-Val-de-Saône à monter à Paris. Ce fut la tournée des grands ducs, se souvient Martial Darbon : « Il avait fait ça en grand, on se baladait dans un van rouge avec une brique de lait géante, on interpellait les gens sur les Champs-Élysées, puis nous sommes allés au Sénat, à l'Assemblée nationale, à l'Élysée, au ministère de l'Agriculture. »

Juste après l'élection d'Emmanuel Macron, sa conseillère Agriculture à l'Élysée, Audrey Bourolleau, demande à rencontrer Martial et Martine Darbon. « C'était en mai 2017, raconte Martial. Ça nous a mis la pression, même si Martine était bien plus détendue que moi (*rires*). Elle était sympa, la Audrey, l'âge de ma fille ! Elle préparait les États généraux de l'alimentation (Egalim). On lui a raconté nos problèmes : le prix de revient, le gouffre financier pour mettre sans cesse nos installations aux normes… Tout ça, c'était en train de nous zigouiller ! Et pendant ce temps-là, on voyait les produits alimentaires sans cesse bradés ! Elle aimait bien l'idée que les distributeurs puissent créer des MDD avec des cahiers des charges inspirés de C'est Qui Le Patron ?! Mais bon, franchement, cette rencontre a-t-elle changé grand-chose ? Je ne crois pas… » En octobre 2017, lors des États généraux de l'alimentation, Emmanuel Macron citera néanmoins C'est Qui Le Patron ?! en exemple, devant un parterre d'industriels et de grands pontes.

C'était il y a un an et demi. Depuis, tout est sens dessus dessous. Les agriculteurs donnent plus que jamais de la voix, des politiques claquent la porte et dénoncent l'inaction du gouvernement, les experts expliquent la nécessaire transition alimentaire : moins de produits venant de loin, plus de production saine, voire bio, un meilleur respect des producteurs. Et, dans les rues de France, les Gilets jaunes réclament une démocratie plus participative. L'idée d'un Référendum d'initiative citoyenne (RIC) a fait son apparition.

Nicolas Chabanne regarde tout cela avec un immense intérêt. « Ce qui va dans le sens du changement, de l'ouverture, de la participation citoyenne, je prends ! » Avec un certain culot, n'a-t-il pas affirmé que C'est Qui Le Patron ?!

et son côté participatif avait été, en quelque sorte, le précurseur du RIC ? Il n'est pas que hâbleur. Cette position à l'avant-garde des nouvelles formes d'engagements lui vaut de nombreux coups de fil. Là encore les politiques, comme les industriels, se demandent si le modèle C'est Qui Le Patron ?! peut leur apporter quelque chose ; serait-il adaptable à la vie de la cité ?

Même s'il a été approché par des hommes politiques, Chabanne a tout refusé. « Si j'y allais, je perdrais mon intuition et ma liberté. Et puis, un engagement politique serait mal perçu par les sociétaires et sympathisants. Moi-même, dit-il en souriant, je détesterais que le type qui a créé C'est Qui Le Patron ?! fasse ce choix-là ! » Ce qui ne l'empêche pas de vouloir s'impliquer plus avant dans la vie de la cité. De quelle manière ? C'est encore une histoire de rencontre…

L'engagement au bout du smartphone ?

En même temps que la Chaîne des Consos & des Citoyens, viennent d'être lancées deux applications pour smartphones. « Révolutionnaires ! » selon leurs concepteurs. Elles permettent de recenser, de valoriser et de coordonner des milliers d'actions citoyennes dans trois principaux champs : l'environnement, l'économie locale et les nouvelles dynamiques sociales. L'Appli des Consos et L'Appli des Citoyens ont été créées sous la direction d'un pionnier du développement durable, Didier Livio. Il a rejoint l'aventure il y a quelques mois seulement : c'est Thierry Laval, le patron de la Chaîne, qui lui a présenté Nicolas Chabanne, et l'entente a été immédiate ! Par le passé, Livio a monté plusieurs boîtes de transformation écologique, dont Ozact, une start-up digitale destinée à accompagner les grosses entreprises vers la transition durable. Puis il est passé chez Deloitte. Sauf que Deloitte et C'est Qui Le Patron ?!, c'est un peu l'éléphant face à la souris. Que vient faire dans cette aventure l'un des plus gros cabinets mondiaux de conseil et d'audit, dont le chiffre d'affaires frôle les 40 milliards d'euros ? Selon Didier Livio, qui au titre d'associé-responsable dirige les activités de Deloitte Développement Durable, tout cela a un sens : « Il s'agit d'engager au plus vite une transition écologique et sociale massive, que seuls ces grands cabinets de conseil peuvent accompagner avec l'ampleur nécessaire. »

La conviction de Livio, c'est qu'il faut « réconcilier, chez chacun d'entre nous, le consommateur et le citoyen. Les élus s'adressent aux citoyens, les marques aux consos, les entreprises aux salariés… et ça nous rend schizophrènes ! Nicolas Chabanne a bien compris tout cela ; notre ambition, c'est d'arrêter ce qui se pratique depuis qu'existe la société de consommation, où on est écartelé entre son rôle de citoyen, de consommateur, de père ou mère de famille, d'employé d'une entreprise. »

Avec leurs applications, Livio, Chabanne et les autres envisagent de « réinventer les fondamentaux de la société ». Carrément ! Commençons par L'Appli des Consos. Elle sera en mesure de fournir tous les éléments disponibles quant aux efforts sociétaux et environnementaux des marques (à propos de la diversité, des rémunérations hommes-femmes, des émissions de gaz à effet de serre, de l'implication dans l'agroforesterie, de l'impact sur l'eau et l'air, etc.). L'appli suivra aussi les progrès, ou les reculs, de chaque entreprise au fil du temps. Comment ? Grâce à un logiciel signé Ozact, déjà en place dans de nombreuses entreprises, qui va passer à la moulinette les rapports de RSE des grandes boîtes. Un peu comme le faisait mesGoûts.fr, le site de Laurent Pasquier.

L'Appli des Citoyens, elle, a une ambition plus grande encore. Il s'agit de doter chaque personne d'un outil lui permettant de s'impliquer dans une double transition écologique. La sienne tout d'abord, et celle, plus collective, de son immeuble, de son quartier, de sa ville. « Pour cela, explique Didier Livio, on disposera de toutes les données possibles concernant son propre impact environnemental : l'empreinte climatique de ses achats alimentaires, de ses déplacements, de sa consommation énergétique, etc. » Là encore, un logiciel récupèrera, après un accord individuel, bien sûr, les infos chez EDF, Intermarché, ou Air France. La traduction qu'en fera l'application permettra ensuite de réinventer son mode de vie. Mais comment tout concilier au mieux ? Et si on découvre qu'on est un grand pollueur, que fait-on ?

En vieux routier des modèles innovants, Didier Livio, qui a créé sa première boîte d'aide au développement durable en 1981, sait que chacun doit aller à son rythme, selon ses moyens. Et si le but ultime est « d'élever notre niveau de conscience quant aux problèmes environnementaux et sociaux », rappelle Livio, il faut surtout être motivé. Trouver en quelque sorte sa propre carotte au bout du bâton. Et la carotte, la voilà : chaque fois que l'utilisateur de l'appli progressera en matière de développement durable, il accumulera des points qu'il pourra monnayer chez les commerçants de son quartier. De quelle façon ? Didier Livio répond : « Nous allons négocier avec les régions et les municipalités. Ces points obtenus seront la traduction concrète de l'engagement de chaque citoyen vers la transition écologique. En retour, les territoires nous aideront à obtenir des accords avec les associations de commerçants. C'est un cercle vertueux : les citoyens modifient leur impact environnemental et social, ils en tirent ensuite avantage chez les commerces de proximité, et les producteurs locaux. Tout le monde y gagnera. »

Une première ville servira de test à l'Appli des Citoyens : Genlis, en Côte-d'Or[1]. Demain, d'autres villes seront demandeuses. Et après-demain, toute la France ? « Bien sûr, affirme Didier Livio. Il est temps de faire preuve de créativité, ne trouvez-vous pas ? »

La profession de foi de Nicolas Chabanne

Il parle beaucoup, avec une conviction renforcée par le succès, avec une énergie inlassable, avec ses mots à lui, rassembleurs et optimistes, la bienveillance en premier chef. La *bienveillance*, ce nom commun vient d'ailleurs d'être sacré « mot de l'année 2018 » par le dictionnaire Le Robert : vivrait-on donc les prémices d'un changement ?

Il parle, Nicolas, et il a voulu avoir le mot de la fin. Il a tenu à nous faire partager cette sorte de manifeste, comme pour nous inviter à le suivre :

« Face à l'angoisse d'un monde qui semble incontrôlable, une idée toute simple et rassurante émerge : et si tout ne dépendait que de nous !? Cette idée, inimaginable il y a seulement dix ans, devient le nouveau socle d'un

1 Dans le cadre du programme de recherche Futurs 21, lancé par le Conseil départemental de la Côte-d'Or, l'association Entrepreneurs et Territoires, et Deloitte Développement Durable.

destin commun. Comment faire ? Nous parler. Prendre conscience que nos valeurs communes forment un socle solide, intouchable. Notre énergie collective est plus forte que tout. Les millions de gens que nous sommes ont les moyens de construire l'avenir autrement. Que pourront faire les dirigeants économiques et politiques face à ce contrepoids bienveillant que nous formons déjà ? Rien ! Mais il reste à le coordonner. Et, pour commencer, se défier des terrains traditionnels. On doit jouer à la maison ! Depuis notre canapé, bien au chaud. Aux réunions pleines d'ego, préférons les questionnaires en ligne, plus froids peut-être mais génialement apaisés, et rassembleurs de valeurs.

Ensemble, nous reprenons notre destin en mains. Le monde a bougé, à la façon d'un immense glissement de terrain. Et lorsque que tout bouge à cette échelle-là, il ne sert à rien de s'accrocher aux branches d'arbres, aussi immenses soient-elles. Il faut prendre un maximum de recul. Que voit-on alors ? Que le monde que l'on connaît, celui d'avant, n'a plus la même force. Il devient un décor *fake* et fragile, et on y croit d'autant moins qu'on y a tellement cru !

Combien de grands groupes, de médias, de partis politiques sont déjà morts ? Combien de ces mastodontes ne brillent-ils plus que faiblement, telles les étoiles d'un ancien univers ? Avec C'est Qui Le Patron ?!, on n'a pas demandé aux géants de l'agroalimentaire si l'on pouvait changer les choses : on les a changées. Demain, nous pourrons faire pareil dans beaucoup d'autres domaines, grâce à l'Appli des Citoyens, par exemple. À la façon de C'est Qui Le Patron ?!, cette application est totalement indépendante et tournée vers la coédification d'un avenir résolument collectif.

Une fois identifiée et rassemblée, cette énergie des citoyens sera infiniment puissante. Imaginez un instant : et si nous décidions de nous coordonner pour changer les choses ? Quelle cause y résisterait ? La vie politique, désormais à bout de course et dans l'obligation de se réinventer, pourrait bénéficier de cette dynamique. Mais à quatre conditions : que les citoyens coconstruisent en amont ; qu'ils soient directement associés à la réalisation des actions pour les faire réussir ; qu'ils en vérifient et contrôlent chaque étape du développement – car il est important de dire un immense *stop* aux lobbies (et cela, seuls les consom'acteurs peuvent le faire) – ; et enfin qu'ils puissent mesurer en temps réel l'impact direct des actions engagées.

L'équilibre global est en train de repasser par nous. Une fin heureuse ? Oui, j'en suis certain, si ces millions d'âmes bienveillantes et solidaires décident de reprendre le volant de ce destin collectif. Sans le savoir, au fond, nous avons déjà commencé. »

Remerciements

Ils ont été tellement nombreux, souvent discrets, à œuvrer pour que cette belle initiative puisse exister !

Merci d'abord aux producteurs, Martial, Martine, Aurélie, Wilfried, Christian, Benoît, Nicolas, Alexandre, Samuel, Henri, Olivier, Thierry, Sébastien, Jérôme, Dominique, Clément, Astrid, Régis et tous les autres (tous !) qui, par leur courage et leur force, sont l'absolue raison d'être de ce projet.

Merci, bien évidemment, aux sociétaires, et notamment les pionniers, Isabelle, Emmanuelle, Charly, Constantin, Michel, Vincent, Agathe, Alexandre... Aux quatre coins de la France, ils sont l'âme et l'énergie irremplaçable de ce bouleversement.

Merci aux partenaires de cette histoire unique, et en premier lieu Emmanuel, l'homme de la laiterie, celui qui a dit « oui » en bravant tous les risques (ainsi que Philippe, Nicolas, Romain, Benoit, et l'ensemble de son équipe).

Merci aux fabricants qui se mobilisèrent à nos côtés, partageant notre certitude qu'une nouvelle forme de relations, plus transparente et bienveillante, était possible.

Merci aux distributeurs, dont Bertrand, le pilier des coulisses, l'homme des débuts de l'histoire.

Merci à Thierry, Jean-Christophe, Françoise, Bruno, Camille, Romain, Stanislas, Jean-Paul, Géraldine, Damien, Jean-Philippe, Nathalie, Dominique, Jean-François, Philippe, Ludovic, Gonzague, Joël, Laurent, Paul, Joaquin, Patrick, Maxime, Louis-Marie, Richard, Claude, Marc, Monique et les autres (ils sont tellement nombreux) qui nous accompagnent.

Merci bien entendu à l'équipe de C'est Qui Le Patron ?!, Laurent, Nathalie, Elsa, Joséphine, Guillaume, Mejda, Madeleine, Noémie, Garance, Elisa, Nacim, Nora, Vincent, Pierre, Mathilde, Raphaël, David, Sophie, Marie-Azadeh, et tous ceux qui ont posé leur pierre afin de bâtir cet édifice.

Merci aux journalistes (on le sait, ça ne se fait pas), mais ce sont eux qui, en décrivant notre mouvement aux racines tellement profondes, nous ont permis de nous faire connaître, et de grandir.

Merci à ceux qui sont présents auprès de nous, nos familles, nos enfants, nos parents, nos amis, nos soutiens fidèles.

Enfin, et surtout, et encore : un immense merci à tous les consommateurs, à vous, à ceux qui veulent que les choses changent !

Nicolas Chabanne et Laurent Pasquier

Table des matières

Imprimé en France par Jouve
Pour le compte des Editions Marabout
(58 rue Jean-Bleuzen, 92178 Vanves)
Dépôt légal : mai 2019
ISBN : 978-2-501-142083
5013841/02